집중과 물러남의
요가철학

집중과 물러남의 요가철학

The Art of Balance

배철진 지음

운주사

서문

이 책에서 이야기하고 싶은 것은 '인간의 참 모습은 어떠한가?'이다. 요가는 단지 인간을 조명하기 위한 하나의 앵글이며 도구일 뿐이다. 무엇의 실체를 말하기 위해서는 최소한 하나의 관점이 필요하고, 자연히 그와 관련된 용어들이 따라오게 된다. 같은 인간을 또 다른 앵글로 다루면 사용되는 용어가 분명히 바뀌어야 한다. 그렇다고 인간이 바뀌는 것은 아니며, 설명하는 표현과 용어가 달라질 뿐이다. 이 책은 요가라는 문화를 빌려 인간을 설명할 뿐이다. 굳이 독자들이 표현에 얽매이거나 거부감을 느끼지 않았으면 한다. 문화와 용어를 넘어 그 가리키는 곳을 보아주기 바란다.

　요가의 기원적 의미는 한마디로 '통합' 혹은 '합일'이다. 인도 철학 속에서 요가는 기술적으로 '방법론'을 뜻하기도 하지만, 요가의 근본 색깔은 통합과 합일이다. 정확히 표현하면, 인도의 철학자와 수행자들이 추구했던 '통합'을 이루기 위한 구체적 방법이 요가이다. 인도 문화권은 관념적 추론으로 통합과 합일을 이룬다고 보지 않았다. 그들에게 인간은 사고하는 존재 이전에, 이미 느끼고 통찰하는 존재였다. 그들은 인간의 이성理性에만 갇혀 있지 않았다.

이와 함께 살아 있음을 확인하고 감각하는 인간, 그리고 자신의 깊은 근원을 바라보는 영감의 눈을 가진 인간이었다. 그들은 이를 통합하고 싶었고, 그것은 구체적이며 전인적全人的인 것이어야 했다. 한 뼘 두개골 속이 아닌, 우주적 차원으로 전복(顚覆, overturn)되어야만 가능한 통합이었다. 그러면서도 그것은 아주 단순한 것이어야 했다. 전 우주에 보편적 적용이 가능하기 위해서 단순성은 필연적인 것이다. 그래서 요가는 방법론을 갈고 다듬었다. 요가는 생각하는 것이 아니라, 행위 하는 것이 되었다.

요가는 통합을 의미하고, 그 구체적 행법行法을 가리킨다. 이 행법은 "집중과 물러남"이다. 이것이 '통합된 인간'으로 가는 구체적 방법론이다. 인간은 자체로 의미가 없고, 규정될 수 없다. 흔히 '인간의 존엄성'과 '인간의 가치'를 이야기하지만, 그 존엄과 가치는 스스로 존립할 수 없다. 왜 존엄하고 가치 있는가? 방향성과 기준에 의해 비로소 이것들이 의미를 가진다. 요가적 견해에서, 통합과 합일이 없으면 인간에게 존엄과 가치를 부여할 수 없다. 인간이 존엄하고 가치를 가지는 것이 아니라, 통합이 존엄하고 가치가 있는 것이다. 통합이 인간을 규정한다. '통합을 향한 인간'이 의미를 가진다. "집중과 물러남"은 그 의미를 실현하는 구체적 길이다.

통합을 논하며, 이 글은 현상학적 시각을 견지한다. 인간은 하나의 현상일 뿐이다. 고유한 본질이 존재하는 것이 아니라, 타고난 경향성에 의해 그저 흘러가는 '나타남'이다. 나타남은 시간과 공간, 그리고 관계의 산물이다. '나타남'은 중립적이다. 이 나타남의 경향성 중 초월에 초점을 맞춘 것이 요가를 수행하는 인간이다. 경향성은 인간 현상의 선천성이며, 초월은 통합을 위한 과정이다. 초월은 '버리고 건너감'이 아닌, '품고 확장함'이다. 그래서 초월이 통합을 위한 과정이 될 수 있다. '자기 초월 현상'은 인간에 대한 요가적 정의이다.

이 글에는 많은 산스크리트어가 등장한다. 필자는 산스크리트어를 전공하지 않았다. 그러나 인도 문헌을 접하기 위해선 누구도 피할 수 없는 관문이라, 인도 현지인의 도움을 많이 받았다. 산스크리트를 가급적 본 발음에 가깝게 옮기려 했으나, 용례상 이미 로마나이즈 발음이 굳어진 것은 로만식 발음으로 표기했다. 독자들의 혼란이 없기 바란다. 예를 들면 'Yoga', 'Upaniṣad', 'Vedānta', 'Karma'은, '욕', '우빠니샤드', '외단따', '까름'이 원음에 가까우나, 로마나이즈 발음인 '요가', '우파니샤드', '베단타', '카르마'로 표기했다.

어느 유형의 사람들은 이 글의 내용을 받아들이지 못할 수도 있다. 본래면목本來面目의 자기 자신을 부정하기 때문이다. 누구는 "추락하는 것은 날개가 있다."고 했다. 요가는 날개가 있음을 사람들에게 주입하지 않는다. 날개가 있는지 직접 확인하기를 요구한다. 사람들은 '자유낙하'를 싫어한다. 그러나 날개의 유무와 그것이 정말 작동하는지는 '자유낙하' 외엔 확인할 길이 없다.

자신을 온전히 던지는 자,

하늘을 날 수도 있다.

몸을 사리는 자,

닭장의 모이에 만족한다.

소야 배철진 씀

본문에서 * 표시된 단어는 본서 맨 뒤의 〈용어 및 인명 설명〉에서
간단한 설명을 볼 수 있다.

도표 차례

들어가기

요가는 인간 역사 속에서 종교철학적으로 특이한 현상으로, 종교적 믿음과 논리적 사고를 넘어서 있다. 요가의 기원은 선사시대로 거슬러 올라가며(인더스 계곡의 모헨조다로, B.C. 3000~2000), 많은 시대와 다양한 영적 차원을 포함하고 있다.[1] 원형적 요가는 세상으로부터 영혼을 해방하고자 수행적 엄격성을 지닌 것으로 여겨진다.[2] 이러한 요가가 인도 영적 전통의 표면에 등장하는 것은 초기 베단타 시대(B.C. 800~600)*에 와서이다.[3]

요가는 우파니샤드*에서 사변적 양식(mode)인 상키아Saṁkhya*와 연계되어 실천적 양식으로 나타난다.[4] 상키아 요가가 영靈과 세상의 분리를 목적으로 하는 반면, 베단타 요가는 다양성의 통합을 목적으로 한다.[5] '요가 수뜨라Yoga Sūtra'*의 저자 빠딴잘리Patañjali*는 전해오는 요가 전통들을 하나의 체계 속에 묶는 작업을 했고, 자신의 색깔을 담았다. 그의 공헌은 요가에서 심리학적 역할과 실천적 동기를 강조한 것이다.[6] 그럼에도, 상키아-이원론의 영향 아래 있는 빠딴잘리 요가는 요가 전통의 주류는 아니다. 요가는 인도 전통에서 많은 분파를 가지고 있다. 실제로 요가는 모든 시대와 영적 전통들 속에서 하나의 실천 양식(mode)으로 여겨진다. 모든 인도의 영적 전통들은 자신들의 고유한 요가를 가지고 있다. 무수한 형태의 요가가 등장한 이유가 여기에 있다. 이 글은 베단타 요가를 따르고 있으며, 이런 관점에서 요가는 베단타 사상을 실제화 하는 방법론이다.

요가는 인도 전통에서 실제성에 이르는 보편적 방법론이다. 근대 서구에서는 현상학이 철학적 문제에 접근하는 방법론으로 대두되었고, 현대 서양철학에 많은 영향을 끼쳤다. 현상학의 기원은 고대 희랍의 파르메니데스(Parmenides, B.C. 540/515~?)*에게까지 거슬러 올라간다. 그는 '독사doxa'라는 용어를 사용했고, 크세노파네스(Xenophanes, B.C. 570~475)*는 동사형태인 '도케인dokein'에서 파생된 '도코스dokos'를 채택했다. '도케인dokein'은 '보이다, 나타나다, ~인 것 같다'라는 뜻이며, 주관과 객관을 함께 포함한다.[7] 프란츠 브렌타노(Franz Brentano, 1838~1917)*는 현상학의 핵심 개념으로 지향성(Intentionality)*을 제안했고, 에드먼드 후설(Edmund Husserl, 1859~1938)*이 현상학을 창안했다. 현상학은 경험의 직접성을 강조하며, 모든 가설과 인과율의 영향에서 경험을 분리해내어, 본질적 실제성에 이르고자 한다. 이것은 논리적 연역(演繹, deduction)도 아니고, 자연과학의 실험적 방법도 아니다. 이것은 직관을 통해 대상의 현재성을 포착하고자 한다.

현상학이라는 흐름 속에서 많은 개념들이 다양한 맥락에서 제시되었다. 이 글은 요가 철학의 분석을 위해 4개의 기본개념을 채택하는데, 지향성(Intentionality), 에포케Epoché, 세계-내-존재(Being-in-the-World), 그리고 직접성(Immediacy)이 그것이다.

지향성은 세상에서 사물을 향한 경험의 방향성이다. '의식은 무엇에 대한 의식'이다. 사르트르(Jean Paul Sartre)*에게 있어, 방향성은 초월이고, 그의 '자신을 향한 존재(Being-for-itself)'[8]는 본질적으로 '자기 초월'을 의미한다.[9] 그는 '초월은 의식의 본질적 요소'[10]라고 했다. 지향성은 의식의 근본적 속성이다. 경험은 주관성이 아니라, 필연적으로 지향성에 바탕한다. 후설은 주관성에 집착했고, 사르트르는 이를 거부했다. 사르트르에게 있어 주관성은 단지 경험의 심리적 중심이고 이차적 파생물이다.

에포케*는 '판단중지'를 뜻하고, 순수 현상을 얻기 위해 후설에 의해 제안된 희랍용어이다. 그는 순수 현상을 통해 철학에 절대적 바탕을 제공하고자 했으나, 후대 철학자들은 완전한 에포케는 불가능하다고 반박했다. 그럼에도 불구하고, 비록 에포케가 순수 현상을 얻는 것에 실패했지만, 서구 철학에서, 현상에서 물러나 현상의 이면에 있는 직접성을 여는 실마리를 마련했다. 이것은 중립화이다. 에포케는 현상으로부터 거리를 둘 수 있는 수단이 된다. 본질적 세계란 없으며, 단지 현상만 있다. 에포케는 존재의 직접성에 도달하려 의도한다. 이것은 요가적 방법론과 동일하다.

세계-내-존재는 하이데거(Martin Heidegger)*에 의해 제안된 용어로 현상은 세계와 분리될 수 없음을 주장하기 위한 것이다. 그래서 그의 실존주의는 존재의 관계에서 시작한다. 이러한 관점은 요가적 카르마와 비슷하며, 특히 '바가바드기타Bhagavadgītā'*와 같은 맥락에 있다. 세상은 인간 삶의 터전이고, 인간 또한 세상의 한 환경이다. 요가 전통에서 이것은 초월을 위한 하나의 장(場, field)이다. 초월은 관계에서 시작하며, 세상은 지속적 관계이다. 그리고 인간은 세상 속의 한 현상이다.

　서구 철학에서 현상학의 가치는 존재의 직접성을 인식한 것이다. 직접성은 현상 그 이상의 것을 추구한다. 직접성은 서구 철학에서 논리를 넘어 지식을 탐구하는 새로운 도구가 되었다. 직접성은 논리의 이중적 대립을 통합하는 잠재력을 가지고 있고, 이것은 현대에 세계를 이해하는 태도를 변화시켰다.

　이 글은 현상학적 관점에서 요가적 인간을 바라본다. 현상학은 직접성을 통해 존재에 대한 지식을 얻고자 한다. 요가 또한 직접성에 바탕을 둔 지식만을 받아들인다. 직접성은 실재성을 들여다보는 공통된 창이다. 요가의 관점에서 인간은 '자기 초월적 현상'이다. 현상이란 본질을 가지지 않은 경향성(tendency)의 집합이다. 인간의 주관성은 심리적 파생물이며, 인간은 하나의 현상(phenomenon)이다. 이 현상에는 차원적(dimensional) 진화를 향한 잠재성이 주어져 있다. 그래서 인간은 스스로 초월하고 있는 현상이다. 이러한 잠재성의 기원을 추적하는 것은 불가능하고 무의미하다. 이것은 현재의 인간이 가진 하나의 조건이며, 요가적 전통과 우리 자신의 직접성(immediacy)이 반증하고 있다.

제1장은 인도 문헌에 나오는 인간을 다룬다. 초월은 인간의 속성이며 권리이다. 인간 현상의 정상에 마음이 자리하고 있으나, 이것은 인간의 본질이 아니다.

제2장은 인간의 주된 현상을 다룬다. 카르마는 중립적 관계성이며, 자유의지는 주어진 속성이다. 고통은 숨겨진 메시지를 담고 있으며, 이것은 자신의 태도에 따라 성장의 기회가 될 수도 있다. 도덕성은 유일한 동기로 하나됨(oneness)을, 유일한 판단기준으로 비非이기성(unselfishness)을 가진다. 마야Māyā는 인간의 의식에 나타나는 현상적 세상이다. 인간현상은 차원의 초월이라는 목표에 방향 지워져 있다.

제3장은 인간에 대한 차원적 접근을 다룬다. 인간 현상은 다차원이다. 차원적 접근은 세상의 모순과 혼돈을 쉽게 설명하고, 조화의 길을 제공한다. 기본적으로 인간은 이중적 차원(Bi-dimension)이다. 통합차원과 다차원(다중차원), 혹은 브라흐만(Brahman)과 현상이 그것이다. 브라흐만은 '존재-의식-축복(sat-cit-ānanda)'이고, 현상은 '존재-마음-분열(sat-citta-bhāga)'이다. 마음(citta)은 해석적 양식이고, 분열과 마야를 생산한다. 요가적 초월은 마음(citta)에서 의식(cit)으로의 확장을 의미한다.

제4장은 명상을 설명한다. 명상은 구조적으로 집중(concentration)과 물러남(withdrawal), 그리고 자각(awareness)으로 이루어져 있다. 명상은 요가적 초월을 위한 도구이다.

제5장은 요가적 삶을 설명한다. 요가적 삶은 차원의 초월을 목표로 한다. 즈나나(지혜, Jnana), 카르마(의무, Karma), 박띠(헌신, Bhakti) 요가가 요가적 삶에 방향성을 제시한다. 이것은 우리에게 '자기중심(ego)'에 대한 관리를 요구한다. 삶에 대한 요가의 실천적 태도는 '집중과 물러남'이다. 삶의 과정이 하나의 명상이 되어야 하기 때문이다.

제1장

요가 문헌 속의 인간

1. 우파니샤드

베다시대(B.C. 3000~600)의 아리안 문화는 현대적 의미의 철학과 종교의 의미를 가지는 '다르샨Darśana'*에 집중할 수 있었는데, 이 것은 카스트caste제도와 '아쉬람āśramas'*이라는 사회적 수행 전통에 의해 가능했다. 다르샨은 직관적 경험과 논리적 토론에 의해 뒷받침되는 사고양식(speculative mode)을 가리킨다.[11]

아리안 문화는 일시적으로 수메르* 전통의 성性적인 종파의 영향을 받았지만, 유심론(mentalism)에 바탕을 둔 반물질적, 반감각적인 이상주의(idealism)의 길을 간다.[12] 아리안 문화가 가부장적 사회였기 때문이고, 후에 엄격주의(puritanism)가 등장한다. 반면,

모계적 전통은 딴뜨리즘tantrism*의 근간이 되었다. 유심론과 이상론을 따르는 우파니샤드의 경향은 카스트와 아쉬람에 근거한 사회제도를 통해 소수 엘리트 집단을 양산했다. 이 집단은 고요하고 이성적 존재를 중요시했고, 지성을 통한 직접적 해방을 추구했다. 그들의 해방에 대한 개념은 '벗어남'과 '건너감'의 성격이 강했다. 그래서 갼(Jnana: 지혜) 요가적 경향이 두드러졌고, 일상의 삶은 경시되고, 과정의 절정인 벗어남의 해방만 강조되었다.

비록 이러한 경향이 현실을 다소 무시하기는 했으나, 목적의식에 대한 뚜렷한 안목을 제시하며, 오랜 역사 속에서 근본적 지식을 지켜오는 힘이 되었다. 그 지식이란 "내가 곧 전체성"이라는 것이다. 이것은 '인간은 스스로 초월하고 있음'을 의미한다. 스스로 초월하고 있는 인간이 우파니샤드와 함께 인간의 구조와 단계, 그리고 방향성을 통해 논의될 것이다.

1) 인간의 구조

우파니샤드에 의하면, 브라흐만Brahman*은 홀로 존재한다. 그래서 엄격히 창조란 가능하지 않다. 단지 무지(無知, avidyā)에 의한 세상의 상대적 관점에서만 창조는 가능하다. 이러한 비非창조는 인간과 브라흐만이 다르지 않음을 시사한다. 이미 하나로 있으므로 새로운 창조란 있을 수 없는 것이다. '있고 없음'에 대해 판단하는 무지로 인해 창조가 있는 것처럼 여겨진다.

따엣띠레아Taittirīya 우파니샤드(2.1-5)는 인간을 다섯 개의 층(koas)으로 나눈다. 안anna, 쁘란prāṇa, 마나스manas, 위갼vijñāna, 그리고 아난드ānanda이다. 안은 일반적으로 물질을 의미하는데, 인간은 음식에 기인하기 때문이다. 쁘란은 원래 숨을 의미하는데, 생명의 원리이며, 마나스는 인식의 능력이다.[13] 위갼은 이해 혹은 분별의 능력이다.[14] 아난드는 축복이란 뜻이나, 브라흐만은 아니다.[15] 브라흐만은 아무런 속성을 가지지 않기 때문이다. 그러나 축복은 전체성에서 오는 특성이다. 이것이 초월의 가능성을 보여주며, 인간과 전체성을 연결하고 있다. 인간에 대한 다섯 개의 층은 초월을 향한 요소를 담고 있다.

문다끄Muṇḍaka 우파니샤드(III.I.1-10)[16]는 두 마리의 새로 대표되는 인간의 두 차원을 소개하는데, 이 구조에서도 전체성이 담겨 있다. 한 나무에 두 마리 새가 앉아 있다. 하나는 나무의 열매를 먹고, 다른 하나는 먹지 않고 지켜만 본다. 열매를 먹는 새는 일반적 차원이고, 지켜보는 새는 전체적 차원이다. 열매는 인간 행위의 결실, 즉 쾌락과 고통을 의미한다.[17] 지켜보는 차원은 선과 악의 구분을 떨쳐버린다.[18] 이것은 치우침이 없는 평정의 차원이다. 이것은 인간의 지성이 초월을 경험할 때 가능하며, 명상을 통해 전체성이 열린다. 두 마리 새의 비유는 인간이 개별성과 전체성을 모두 가지고 있음을 보여준다. 개별적 인간은 자신의 노력과 안목을 통해 전체성으로 확장될 수 있다.

까타Kaṭha 우파니샤드(I.iii.3-10)를 바탕으로, 현대에는 일반적으로 인간을 세 영역으로 구분한다. 보는 자(Seer), 마음(미세한 요소, mind), 그리고 몸(거친 요소)이다. 브리하드-아라니앗까Bṛhad-āraṇyaka 우파니샤드(I.v.3)에 의하면, 마음은 욕망, 분별, 의심, 믿음, 확고함, 수치심, 두려움 등을 포함하며, 모든 지성, 감성, 의지, 기억이 마음에 속한다. 몸은 이보다 거친 생물학적 요소이다. 그러나 몸과 마음을 정확히 구분할 수는 없다. 거칠고 미세하다 함은 우리의 일반적 측정 수준에 의존한 결과일 뿐이다. 이 둘은 하나의 요소, 즉 에너지의 영역이다. 빛이 스펙트럼을 통해 한 쪽은 붉은 색, 다른 쪽은 보라색으로 불리는 것과 같다. 보는 자는 거칠고 미세한 에너지의 영역을 넘어 있다. 더 이상 현상의 영역이 아니라는 것이다. 현상이 아니라 함은 변화가 없음을 의미한다. 인도 철학에서 영원성(infinite)과 실재성(reality)은 '변화 없음'을 가리킨다. 현상의 속성을 변화로 규정하기 때문이다. 보는 자는 자각(自覺, awareness)이다. 언어적 표현상 '보는 자'로서 주체가 있고, 분별하는 인식이 있는 것 같으나, 언어의 한계성 때문이다. 보는 자는 단지 봄(見, see)이다. 이 구조 또한 인간이 전체성에 열려 있음을 보여준다. 우파니샤드는 이러한 전체성을 '브라흐만'이라는 용어로 표현할 뿐이다. 표현에 목을 맬 일은 아니다.

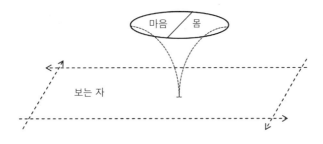

도표 1. 세 영역으로 나눈 인간 구조

2) 인간 의식의 단계

만두끼야Māṇḍūkya 우파니샤드(2-7)는 인간 의식을 네 단계로 밝힌다. 일상의 상태, 꿈, 깊은 잠, 그리고 뚜리야Turīya*이다. 일상의 의식은 외부대상과 연결되어 있으나, 충분히 깨어 있는 상태는 아니다. 과거의 회상과 미래의 열망으로 대부분의 시간을 반-꿈에 젖어 지낸다. 그러나 일상의 상태는 매우 중요하다. 단순히 입력된 이미지의 재생산이 아니라, 늘 새로운 이미지가 입력되기 때문이다. 여기서 우리는 끊임없이 이어지는 이미지의 세계에 갇혀 있을 수도 있지만, 그 이미지와 이미지 사이 간격에 숨어 있는 다른 차원을 열 수 있는 가능성도 가지고 있다. 자유의지, 고통, 인내 등 우리 삶의 기본적인 요소들이 여기(일상)에서 의미를 가진다. 단, 충분히 깨어 있기를 요구 받는다.

꿈이란 눈을 뜨고 있든, 아니든, 뇌에 입력된 자료를 바탕으로 스스로 이미지를 투영하고, 이를 자신이 다시 인식하는 것이다.

그러나 꿈이 단순히 잠재의식의 재생이나 카타르시스를 위한 것만은 아니다. 꿈은 일상에서는 잘 일어나지 않는 다른 차원과의 통로이다. 일상엔 많은 고정관념이 작용한다. 고정관념은 지루한 과정을 생략시킴으로써 판단의 효율성을 높이는 데 기여한다. 이 것이 반복적 생산성을 높이는 장점이 있기는 하지만, 새로운 영역을 여는 창의성엔 독이다. 꿈에도 일상의 연장선에서 고정관념이 작용하기는 하지만, 훨씬 그 밀도가 약하다. 그래서 쉽게 다른 차원과의 통로가 열린다. 한마디로 영감의 통로이다. 이 점에서 꿈은 우리에게 중요한 의미를 가진다.

베단타 철학은 꿈과 일상의 깨어 있음이 같은 상태라고 여긴다.[19] 둘 다 마음의 활동이기 때문이다. 둘의 차이점은 이미지가 오는 영역의 범위가 다르다는 것이다. 꿈은 기억에 의존한 이미지의 투영이나, 일상은 기억뿐 아니라 외부 자극에서도 이미지를 가져온다. 정확히는 꿈도 외부 자극에 영향을 받으나 극히 미미하다. 이미지의 원천이야 어떻든지 둘 다 현상일 뿐이다. 그들은 마음의 이중적 활동이며, 항상 부분적이다.

깊은 잠은 이미지의 정지, 곧 분별의 정지이다. 단지 이미지 투영의 정지일 뿐이다. 그러나 마음의 정지 자체는 인식한다. 우파니샤드는 인식 자체는 결코 멈추지 않는 것이라고 한다. 인식은 있으나 인식되는 것은 없다. 분별하지 않기 때문이다. 그러나 깊은 잠이 또 다음 단계를 허용하는 것은, 다시 분별할 잠재성을 응축하고 있기 때문이다.

뚜리야는 인식의 총합이 아니고, 인식도 아니며, 또한 비非인식
도 아니다(Māṇḍūkya Upaniṣad: 7). 이것은 단지 '배경'이다. 이것은
세 단계의 변화를 모두 지켜본다. 그러나 그들과 얽혀 있지 않다.
뚜리야는 우주의 토대로서 자가自家 의식이다.

일상과 꿈은 개체성의 특성이고, 깊은 잠은 전체성의 특성이다.
앞의 둘은 다양성과 현상이며, 뒤의 것은 이원성에서 자유롭기 때
문이다. 깊은 잠은 이미지의 정지를 통해 꿈과 일상을 넘어 있고,
뚜리야는 변화로부터 자유로움으로써 다른 셋을 넘어 있다. 인간
의 의식은 늘 부분적이다. 이것은 전체성 속에서 통합될 필요가
있다. 이러한 통합이 요가의 초월이고, 우파니샤드는 뚜리야가 이
러한 인간의 잠재성을 보여준다고 한다.

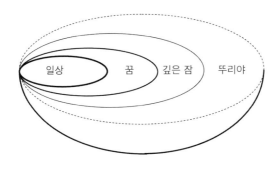

도표 2. 의식의 단계

3) 인간의 방향성

우파니샤드의 근본적 흐름은 주관적 개별자와 궁극적 실재성의 통합이다.[20] 통합은 개체성과의 동일시에서 벗어남으로써 가능하다. 이것은 인간 현상에 전체성이 이미 내재되어 있기 때문이다. 초월에 대한 인간의 경향성은 본성적이라 기원을 추적할 수 없다. 찬도기아Chāndogya 우파니샤드(VI.x.1)는 강과 바다의 은유로 대신한다. 강은 개별자인 인간이고, 바다는 궁극인 전체성이다. 모든 강은 바다로 흐르며, 바다에서 자신의 개별성을 상실한다. 그리고 바다가 된다. 우파니샤드의 은유에서 중요한 점은, 강의 원천이 바다라는 것이다. 강의 원천과 목적지가 같다. 이 구조는 선천적으로 순환성을 가진다. 강은 끊임없이 바다를 향하고, 바다는 다시 강의 기원이 된다.

까타Kaṭha 우파니샤드(II.iii.2)도 흐름을 강조하며, '존재하는 모든 것은 생명으로부터 왔고, 생명 안에서 움직인다.'고 한다. 하나의 흐름이 있고, 이 흐름의 아래엔 궁극이 있다. 현상과 궁극 사이의 합일은 초월적 차원을 통해 가능하다. 이 방향성이 인간을 형성한다. 현상학의 지향성도 이 방향성에 대한 서구적 견해이다. 인간 의식은 대상과 의미에 방향 지워져 있고, 현상은 그 결과이다.

우파니샤드를 통해 인간의 구조와 의식의 단계, 그리고 인간 속성이 논의되었다. 그것들이 어떠한 형태를 띠든, 그들은 모두 초

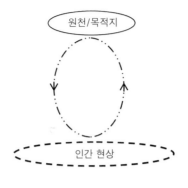

도표 3. 인간의 방향성

월의 요소를 함축하고 있다. 우파니샤드에 의하면, 인간은 근본적으로 초월에 방향 지워져 있다.

2. 바가바드기타

바가바드기타는 인도 역사에서 서사시시대(Epic, B.C. 600~A.D. 200)에 해당한다. 이 시대는 아리안과 인더스 계곡 문화가 자리 잡던 베다시대(Veda, B.C. 3000~600)와, 체계적 철학이 형성되던 수뜨라시대(Sutra, A.D. 200~)의 중간에 해당한다.[21] 이 시기에 중국(춘추전국시대)과 유럽(도시국가)이 정치적 급변에 직면했듯, 인도도 혼란과 변화의 중심에 있었다. 잦은 전쟁은 경제적 안정을 파괴했고, 침입자들은 도덕적 확신과 종교적 믿음, 그리고 정서적 근원을 휘저었다. '깊은 좌절감이 시대적 정서였다.'[22] 전통적 권위는 더 이상 사람들의 피신처가 되지 못했고, 사회 전반에 의심과 허무주의가 팽배했다.[23] 시대는 새로운 체계를 요구하고 있었다. 자연스럽게 많은 철학적 활동과 새로운 체계들이 쏟아지고 있었고, 영적 실험들이 행해졌다. 바가바드기타는 이 혼돈 속에 등장한다.

바가바드기타는 일관된 주장을 가지고 있지 않다. 오랜 기간에 걸친 많은 저자들의 공동작품이기 때문이다. 그러나 그들은 모두 그 시대의 다양한 이질성을, 우파니샤드를 바탕으로 하나의 울타리 안에 수습하고 있다.[24] 저자들은 비판적이기보다는 보편성을 따랐고, 어떤 분파나 학파를 배제하고, 시대의 바람에 창문을 활짝 열었다.[25] 그들은 전통의 권위를 존중했지만 강요하지는 않았다. 그들은 인간의 실제적 조건을 받아들였고, 세상을 회복하고 싶었다.[26]

바가바드기타에 의하면 인간은 자신의 경향성과 싸우며, 충돌과 염려 속에 서 있는 존재이다. 그리고 사회와 선택과 감각과 감정에 노출되어 있다. 그리고 일상과 세상을 받아들인다. 다양성을 통해 인간의 초월을 엿본다.

1) 세상을 품안에

> 기쁨과 고통을 하나처럼, 얻음과 상실을 하나처럼, 승리와 패배
> 를 하나처럼 여기며 전장에 나아가라. 모든 죄악이 너를 비켜갈
> 것이다. (II.38)
> 오, 아르준*, 자신 속에서 모든 걸 하나로 보는 자, 기쁨이든 고
> 통이든, 그가 완전한 요기이다. (VI.32)
> 적과 친구를 하나처럼, 좋고 나쁜 평판을 하나처럼, 차고 더운
> 것을 하나처럼, 기쁨과 고통을 하나처럼 여기는 자, 그는 집착
> 으로부터 자유롭다. (XII.18)

인간은 기쁨과 고통을 오가는 시계추이다. 추만을 바라본다면
끝없는 재앙이나, 시계 전체를 볼 수 있다면, 기쁨과 고통은 단지
자신들의 역할을 하고 있을 뿐임을 안다. 바가바드기타는 이원성
을 넘은 세상을 받아들인다. 세상에서 버려져야 할 것은 아무것도
없다. 모든 것은 실재성의 적절한 표현이다. 바가바드기타는 전체
성의 안목에서 세상의 동일성을 본다.

> 행위의 포기와 비非이기적 행위, 둘 다 영혼을 구제하나, 후자
> 가 더 나은 것이다. (V.2)
> 행위의 길에 훈련된 자, 영혼이 순수한 자, 자신을 극복한 자,

감각을 제어하는 자, 그의 영혼이 모든 존재에 깃들인 자, 그는
행위에 있으나 행위에 물들지 않는 자이다. (V.7)

라다크리쉬난(S. Radhakrishnan)*에 의하면, '상키아Sāṁkhya의
길은 행위의 포기이고, 요가의 길은 바른 영혼 안에서의 행위'이
다.[27] 이들은 분명 같은 지향점이 있으나, 요가의 길이 더 자연스
럽다. 삶 자체가 행위인데, 어떻게 행위 자체를 포기할 수 있는가?
결과만을 바라기보다는, 그 과정을 이해해야 바른 결과에 도달한
다. 도달하지 않은 상태에서 그 결과가 바른 것인지 어떻게 확인
할 수 있는가? 바라보는 결과가 왜곡된 것인지 누가 아는가? 스스
로 그 과정을 지나고, 결과를 확인할 일이다. 삶은 우리가 서 있는
바탕이고, 출발점이다.

2) 관계성

자신의 의무에 헌신하는 자, 어떻게 그가 완성되는지 그대여 들
어보라. (XVIII.45)

의무와 책임을 통해 인간은 사회와 관계를 가지고 자신의 삶을
유지한다. 바가바드기타는 우리가 자신의 의무를 이해하고, 효과
적으로 수행할 능력을 가질 것을 요구한다. 바가바드기타 속의 아

르준은 관계성의 혼란을 겪는다. 하나의 가치가 다른 가치를 잠식하기 때문이다. 기타는 보다 넓은 시야를 원한다. 세상은 관계 속에 하나로 묶여 있다. 자신은 그 일부이며, 그 일부가 전체를 조종할 수 없다. 각 부분은 고유한 역할이 있으며, 한계 또한 피할 수 없다. 왜 전지전능한 자를 꿈꾸는가? 부분은 부분의 책임이 있고, 전체는 전체의 책임에 맡겨라. 자신의 영역이 어디인지, 의무가 무엇인지 고민할 필요가 있다.

관계성의 인식은 바가바드기타의 중요한 공헌이다. 인도의 다른 문헌들이 대부분 사람들을 숲으로 몰아넣을 때, 바가바드기타는 그들을 일상의 의무 속으로 불러들이고 있다. 인간은 세상이라는 환경 속에서 자신을 이해할 기회를 가진다. 행위가 있고, 그 행위의 반향을 통해 자신의 위치와 상태를 가늠한다. 극단의 환경에 노출되어 보지 않은 자는 결코 자신의 깊이를 모른다. 인간은 정체된 존재가 아니며, 끊임없이 변화하고 있으며, 이왕이면 그 변화가 성장과 확장이어야 한다. 관계성은 확장의 시작이다.

> 누구도, 한순간도 행위 없이 있을 수 없기에; 자연의 순리는 모두에게 행위를 건넨다. (Ⅲ.5)

산다는 것은 행위이고, 행위는 관계의 표현이다. 이 표현은 단절된 것이 아니라 맥락(context) 속에 있으므로, 인간은 맥락의 표현이라 할 수 있다. 표현의 긴 이야기가 만들어지는 것이다. 인간은 단지 이야기이다.

바가바드기타는 행위에 하나의 지침을 주고 있는데, '행위 안에서의 비非행위(inaction in action)'이다. 이것은 인간이 단지 행위 안에만 머물지 않기를 요구한다. 기본적으로 행위는 관계이므로 최소한 두 대상을 전제로 한다. 하나는 대상이고, 다른 하나는 행위자이다. 바가바드기타의 '비非행위'는 행위자를 제거하는 것이다. 두 대상과 그 관계만 남겨둔다. 행위자 없는 행위가 바가바드기타의 행위이다. 변화라는 현상만 남는다.

현상학적인 측면에서, 이것은 에포케를 통해 그렇게 도달하려고 노력하는 '직접성의 상태(immediacy-state)'이다. 에포케는 주관이 개입한 복잡한 관계에서 가공하지 않은 경험, 곧 대상들의 관계만을 끌어내려는 작업이기 때문이다. 직접성의 상태나 요가적 행위는 이원성에서 자유로운 경험, 혹은 현상이다. 여기엔 분별의 주체가 사라졌다.

3) 충돌과 선택

우리가 갈구하는 왕국과 쾌락과 기쁨을 위해, 저들은 전장에 서 있다, 생명과 재산을 포기하며 (I.33)
보라, 얼마나 큰 죄악인가, 왕국의 기쁨이라는 탐욕을 위해 동

족을 죽이려 혈안이 된 이 결심을 (I.45)

나는 강한 힘이다, 탐욕과 격정을 벗어난, 존재들 안에서 나는 자연과 거스르지 않는 열망이다. (VII.11)

욕망은 인간의 피할 수 없는 본성이다. 아르준의 딜레마가 욕망으로 표현되어 있다. 바가바드기타는 결과에 대한 집착이 없는 이상적 행위를 해결로 제시한다. 일반적으로 욕망은 제거해야 할 부정적 요소로 여겨진다. 그러나 바가바드기타(VII.11)는 '욕구한다'는 것에 대한 새로운 견해를 보여준다. 바가바드기타의 신성은 스스로 욕망임을 선언하고 있다. 세상의 그 어느 것도 욕망으로부터 자유로울 수 없으며, 욕망은 세상을 움직이는 동기이다. 행위 자체는 욕망이다. 욕망은 자연의 질서이다. 욕망은 중립적이며, 단지 그 방향성에 의해 평가된다. 바가바드기타는 아르준에게 욕망을 버릴 것이 아니라, 넘어서기를 원한다. 바가바드기타는 인간의 조건을 거부하는 것이 아니라, 극복하고자 한다. 이것이 확장이고 초월이다. 초월은 배제가 아닌, 전체 속에 하나됨이다.

세상이 자연의 힘에 의해 움직이고 있으나, 자기 느낌에 혼란스러운 자, 홀로 행위자라 여기네. (III.27)

그러나 자연의 힘과 행위의 진실을 아는 자, 자연의 양식을 이해하는 자, 홀로 집착하지 않네. (III.28)

충돌과 선택은 '나'라는 주관성에서 시작한다. 이 주관성은 우리에게 일반적이며, 아르준도 이것으로 혼란스럽다. 세상은 스스로의 법칙에 의해 움직이고 있다. 행위자에 대한 의식은 습관이며 착각이다. 행위를 할 때, 그 주체를 정밀히 추적해보라. 어떤 생각이 일어났고, 의지를 발휘한다. 현상인 행위는 시간 속에서 하나의 맥락에 의해 움직인다. 일어났던 생각도 큰 맥락 다발의 한 줄기였다. 이 맥락의 흐름은 시간 속에 정지하지 않는다. 와서는 사라진다. 다음 순간의 생각은 또 다른 맥락이다. 터미널에 수만 명이 오고 가지만, 누가 터미널의 주인인가?

> 마음은 변덕스럽고, 강렬하고 완고해서 바람을 다루는 것만큼 어렵구나. (VI.34)
> 분명 마음은 제어하기도 어렵고 들떠 있지만, 끊임없는 훈련과 집착하지 않음으로 조절될 수 있다. (VI.35)

인간의 마음은 관리되어야 할 어떤 것이다. 까다롭고 늘 문제를 만들지만, 마음은 우리의 삶을 이끌며, 풍성한 인간 문명의 중심에 자리 한다. 바가바드기타(VI.9)에 의하면, 마음, 그 관리는 평정심으로 가능하다. 마음은 우리의 적이 아니라 동료이고 협조자이다.

마음은 하나의 터미널이다. 무수한 경향성이 와서 무언가를 표현하고 사라진다. 마음은 그들이 어디서 오는지, 어디로 가는지 모른다. 그들은 자신들의 흐름에 의해 마음이라는 터미널을 스쳐 간다. 마음이 특정 경향성을 붙들기 시작하면 터미널은 혼란스러워지고 본연의 기능을 잃는다. 터미널은 누구에게나 평등하다. 마음이 경향성들을 그저 허용할 때, 그들은 스스로 자신들의 역할을 충실히 행한다. 와야 할 손님들은 오고, 그렇지 않은 손님들은 알아서 오지 않는다. 그 터미널에 내리는 손님들은 나름의 이유가 있다. 그 이유를 모두 따질 수는 없다. 그저 놓아두면 그 이유가 완료된다. 이유를 충족시키지 못한 손님은 다시 올 것이고, 그것은 그의 일이다. 터미널이 시비할 일이 아니다. 그저 둠으로써 질서는 찾아온다.

> 죽음의 순간에 몸을 버리고 벗어나는 자, 의심 없이 나만을 생각하는 자, 그는 나의 지위에 오르는 자이다. (VIII.5)
> 몸을 버릴 때 가지는 어떤 생각이든, 거기에 빨려 들며, 그것이 된다. (VIII.6)

바가바드기타는 죽음이 중요한 선택의 순간이라 말한다. 선택에 의해 존재의 상태가 결정된다. 선택의 자유는 책임을 수반한다. 세상의 혼돈 속에서 인간은 선택과 함께 초월을 지향한다. 그리고 자신의 조건과 한계를 극복한다. 인간은 죽음으로 인해 존재적 지속성을 도전 받는다. 지속성에 대한 갈증은 인간이 자신을 초월하고자 하는 주된 동기이다. 죽음은 끝이 아니라, 초월을 향한 자극이고, 삶의 방향성을 일깨운다. 죽음은 누구에게나 긴장을 야기한다. 긴장하고 두려워하고 말 일인가? 죽음이 우리에게 전하는 메시지는 과연 무엇일까? 그 메시지는 죽음 이후를 위한 것이 아니다. 사실 인간의 지속성은 매 순간 단절된다. 지속성이란 주체성의, 행위자의 다른 표현이다.

죽음은 우리에게 '사라지는 것은 무엇인가?'라는 질문을 던지고 있다. 우리의 몸인가? 현대에 와 우리가 안 사실은 세포는 끊임없이 사라지고 새로 만들어지지만, 나이가 들수록 재생산이 되지 않는데, 이것이 생물학적 정의의 죽음이다. 인간은 세포에게 줄 생존 에너지를 음식을 통해 쉴 새 없이 다시 공급해야 한다. 몸이 사라지는 것은 분명하다. 그것도 매 순간. 마음은 어떠한가? 마음의 오고 감은 세포에 견줄 바가 안 될 만큼 빠르고 심각하다. 어느 점에 내 마음을 찍을 것인가? 하루에도 수만 번, 누가 내 마음인가? 마음도 분명 사라진다.

몸이, 마음이 머무는 곳이 있는가?
마음이 머무는 곳을 보았는가?
몸이 머무는 곳을 보았는가?
이들이 오고 가는 간격 사이를 보았는가?
거기에 무엇이 있는가?

모든 것은 늘 사라지고 있다.

4) 헌신

나에게 그들의 온 마음을 고정시키는 자, 성실함과 무한한 신뢰
를 바치는 자, 그들이 진정한 요기네. (XII.2)
신뢰는 그의 본성과 일치하고, 그는 그 신뢰의 본성이고, 그는
그가 신뢰하는 그것이다. (XVII.3)

우파니샤드의 관심은 두 개의 대상에 집중된다. 우주와 인간이
다. 그리고 이 둘의 동일성을 제시한다. 이것이 우파니샤드의 '브
라흐만 지식*'의 요지이다. 그러나 비록 바가바드기타가 우파니샤
드적 분위기로 흠뻑 배어 있지만, 일원론적 경향이 바가바드기타
에서 그리 우세하지는 못하다. 주된 이유는 일원론적 견해가 기타
의 헌신적 신관神觀과 어울리기 쉽지 않기 때문이다.[28] 신앙은 인
간의 한 본성이나, 불가결한 것은 아니기 때문이다. 그럼에도 불
구하고, 신앙의 정도가 어떠하든, 신앙은 인간의 존재 상태에 영
향을 끼칠 수 있다. 신앙이란 개방성과 비非이기적 성향과 관련되
어 있기 때문이다.

개방성과의 관련에서 오해가 있을 수 있다. 어떤 사회에서는 신
앙이 폐쇄성과 배타성으로 인식되기 때문이다. 폐쇄성과 배타성

으로의 신앙의 변질은 인류 문명에서 가장 유치하고 치욕적인 오점이다. 그들의 문제점은 신앙의 구조에 있어, 그 대상에만 과도하게 편중되어 있다는 사실이다. 신앙하는 자와 신앙의 대상이라는 구도 속에서, 중요한 것은 신앙하는 자이다. 대상은 신앙인의 헌신을 끌어내고 대응해줄 매개일 뿐이다. 신앙의 대상이 삼각형이든 사각형이든 중요하지 않다. 헌신은 대상의 기분을 맞추는 저열한 행위가 아니다.

헌신의 요체는 개방성이며, 자신을 온전히 내어 놓는 것이다. 자신의 해체를 통해 전체성에 녹아드는 것이다. 전체성에 도달하지 않고 어떻게 그것이 삼각형이다, 사각형이다 할 수 있나? 오각형인지 팔각형인지, 전체성을 일단 보고 논할 일이다. 실질적인 헌신은 끊임없는 자기 성찰이다. 대상에 넋을 놓는 일이 아니다. 자신을 움켜쥐고, 그 움켜쥔 욕망을 그 대상에 투사하는 것이 아니다. 헌신은 자신을 온전히 비움으로써 어떤 형태의 대상이든 초대하는 개방성이다. 찾아올 손님은 광대하고, 우리의 예측을 넘어서 있다. 우리는 그가 오기 전, 그가 누구인지 모른다. 진정 그를 맞이하기 위해선 온전한 비움이 필요하다.

나를 위해 사는 자, 나를 그의 목표로 여기는 자, 나를 숭배하는 자, 그는 집착으로부터 자유롭네. 모든 존재들에 대한 증오를 거두어들인 자, 그는 나에게 오네. (XI.55)

이 구절은 박띠(헌신)요가의 핵심이라 할 수 있다.[29] 인간은 여러 성질을 가지고 있고, 그 중 감정은 우리에게 있어 관리해야 할 하나의 과제이다. 때로는 번민의 감정이 우리의 일상을 휘젓지만, 이 감정은 우리의 한계를 넘어서게 하는 힘을 가지고 있다. 순화되고 성숙한 감정은 도약을 위한 힘이다. 전체성에 대한 헌신은 이기적 경향을 벗어나게 하고, 우리로 하여금 타인과 사회와 환경에 눈을 뜨게 한다. 그리고 마침내 우주의 질서에 자신을 맡긴다. 바가바드기타의 감정에 대한 인식은 인간의 다양성에 대한 깊은 배려에 근거하고 있다.

5) 초월

생기, 용서, 용기, 순수, 악의와 과신에서 자유로움은 그가 신성과 함께 태어났기에 그가 가지는 천부적 재능이다. (XVI.3)

그는 모든 존재의 안과 밖에 있으며, 그는 움직이지 않으나 또한 움직이며, 그는 알기엔 너무 미묘하여, 멀리 있는 듯 가까이 있는 듯 (XIII.15)

그는 나뉘지 않으나, 모든 존재 가운데 나뉜 듯, 그가 만물을 유지하고, 파괴하고, 다시 만들어 새롭게 함을 알아야 (XIII.16)

바가바드기타는 인간이 신성神性을 가짐을 선포한다. 초월을 향한 인간의 경향성은 자연스러운 것이다. 현상이라는 관점에서 인간은 한정되고 이중성을 가지나, 자신의 한계를 넘어 전체성에 이를 수 있는 잠재성을 가지고 있다. 인간의 다양한 상황은 초월을 향한 동기와 힘이 될 수 있다. 그는 충만하지 않기에, 스스로 충만해지기를 원한다. 인간은 현상의 다양성 속에서 통일을 발견한다. 이것이 신성이다. 인간은 이중성 안에서 이중성을 넘어간다. 이중성을 버림으로써 충만이 이루어지는 것이 아니다. 하나됨은 배제됨이 없음을 의미한다. 현상 안에서의 초월, 이것이 바가바드기타의 초월이며, 인간에 대한 견해이다.

인간은 스스로 초월하는 현상이다. 초월은 전체 안에서 조건과 경계(境界, boundary)로부터 자유롭다. 인간은 본질을 가지지 않으며, 현상으로서의 자신의 경향성 속에서 그저 흘러간다. 다양성은 초월을 향한 과정이고, 기회이며, 잠재성이다. 인간은 전체성을 향해 열려 있다.

3. 요가 수뜨라

빠딴잘리에 의해 체계화된 '요가 수뜨라'는 상키아의 형이상학적 배경과 함께 구성되었으나, 빠딴잘리의 요가 시스템은 단지 상키아학파의 초기 주장들과 일반적 가르침만을 받아들인다.[30] 전통적으로 상키아는 까삘Kapila*에 의해 시작되고, 아수리Āsuri*를 거쳐,

빤짜시크Pañcaśikha*에 의해 하나의 시스템으로 확립되었다.[31] 무신론적 이원론이 상키아의 대표적 특성이다.

그러나 원래 까삘의 상키아는 유신론이며, 이것은 그의 제자 아수리에 의해 열렬히 전파되었다. 이러한 것이 빤짜시크에 이르러 큰 변화를 겪었고, 무신론적 성격이 상키아 시스템 전체를 장악했다.[32] 이러한 분위기에도 아랑곳없이 빠딴잘리는 유신론을 자신의 시스템에 채택한다.[33] 두 체계의 강한 연계성에도 불구하고, 빠딴잘리는 빤짜시크와 거리를 두고 있다.

해방이란 개념에 있어, 상키아의 해방은 영(puruṣa)과 물질(prakṛti)인 세상과의 결합을 끊음으로써 이루어진다.[34] 이것은 엄격한 이원론에 근거한, 두 존재의 혼란 속에서 둘의 다름에 대한 인식을 통해 가능하다. 상키아는 둘 중 하나를 선택하길 강요하고, 다른 하나는 버려져야 한다. 요가 또한 분별지(分別智, vivekakhyāti)에 의해 무지가 제거된다[35]고 하나, 빠딴잘리는 떠도는 마음을 제어하고, 순수한 '진실의 충만'[36]을 얻고자 한다. 결과적으로 요가는 이원론을 벗어난 존재의 충만을 해방으로 여긴다.

상키아가 논리적 탐구에 몰두할 동안, 빠딴잘리 요가는 헌신적 훈련을 통해 심리적이고 존재론적 변형을 추구하고 있다. 상키아는 물질에서 벗어나려 애쓰고, 요가는 마음을 넘어서려고 한다. 그래서 요가는 인간의 의식에, 마음의 잠재성에 관심을 가진다. 이러한 요가의 노력이 마음과 의식과 니로드nirodha* 과정을 통해 논의될 것이다.

1) 이원론과 초월

우파니샤드는 이원론二元論에 대한 단서를 제공하고 있다. 그러나 그것은 초월적 실재와 일상의 현상에 대한 대비적 개념일 뿐, 이원론을 주장하고 있는 것은 아니다. 시간이 흐르면서 이 대비적 개념은 영(靈, Soul or Ātman)과 물질로 대변되게 되었다. 비이원적 베단타(Advaita Vedānta)에 있어서 이 개념들은 단지 두 개의 차원을 나타낼 뿐이다.

상키아는 영(靈, puruṣa)은 의식이고, 변화가 없으며, 원인도 결과도 아니고, 축복도 아니며, 모든 특성이 배제된다고 한다.[37] 영은 단지 현상과 반대되는 개념일 뿐이다. 이 점에서 베단타의 '존재-의식-축복(sat-cit-ānanda)'[38]인 브라흐만과 다르다. 브라흐만은 통합적 개념이다. 이것은 현상적 세상, 즉 마야(māyā)*를 포함하고, 또한 마야를 넘어서 있다. 내재와 초월이 함께 있는 것이다. 상키아에서 내재란 불가능하다. 그들은 철저한 분리에서 시작하기 때문이다. 영靈이 물질에 스며들어 조화를 이룰 가능성은 처음부터 없다. 단지 물질과 영이 혼돈 속에 섞여 있어, 불순한 물질에서 영을 분리하는 것이 그들의 유일한 목표이다. 초월의 자리도 없다. 초월은 포용과 확장을 의미하기 때문이다. 단지 불순함을 처분해야 할 뿐이다.

상키아의 영과 물질의 관계에 있어, 이것들은 완전히 이질적이다. 물질(prakṛti)은 활동적이고, 상호영향력이 있으나, 영적 의식이 없다. 영(puruṣa)은 의식이 있으나, 불능不能이고 영향력이 없다. 문제는 그럼에도 불구하고 세상이 여전히 이 둘의 상호협력에 의존하고 있다는 그들의 주장이다.[39] 빠짜시크는 몇 가지 비유를 통해 이를 옹호하려 하고,[40] 이런 사실을 잘 아는 후대 상키아 학자 위갸나빅츄Vijñānabhikṣu*는 문헌의 권위로 그저 수용할 것을 권한다.[41]

상키아는 하나만을 선택하고, 빠딴잘리는 신성 안에서 둘의 통합을 허용한다. 이것이 상키아의 강한 영향 아래 있는 빠딴잘리가 유신론을 선택한 이유이다. 빠딴잘리는 통합된 충만을 원한다. 이러한 분위기는 상키아보다는 베단타에 더욱 가깝다. 빠딴잘리의 충만은 현상과 그 확장을 통해 가능한 것이다. 통합과 초월을 위해선 동질적 요소가 필요하다. 빠딴잘리는 인간에게 신성을 허용함으로써 통합과 초월의 길을 열고 있다.

2) 마음

요가 시스템은 순수 의식(cit)과 마음(citta)을 구분하고 있다. 요가에 있어 마음이란 모든 감각적 인식과 신체적 기능을 관장하고, 사고와 감정과 의지와 개체의식(ego)을 포함하는 일련의 미세한 인간 기능을 의미한다.[42] 이것은 서구 심리학에서의 의식

(consciousness)과 같은 개념이다. 그리고 근본적으로 마음은 물질이다. 생물학적인 요소는 거친 물질이고, 마음은 미세하다는 차이만 있을 뿐이다. 요가에서 마음을 물질로 보는 이유는, 물질은 에너지이며, 에너지는 변화를 의미하기 때문이다. 베단타 철학에서 변화하는 것은 현상이고, 물질이며, 비실재(non-reality)이다. 이에 반해, 요가의 의식(cit)은 에너지가 아니며, 비물질이다. 변화를 허용하지 않는 순수 인식(認識, cognition)이기 때문이다. 의식은 알지만 구분하지 않는다. 그러나 마음의 본질적 임무는 구분(discrimination)이다. 마음의 입장에서 구분이 없는 인식은 인식이라 볼 수 없다. 이것이 마음의 한계이다.

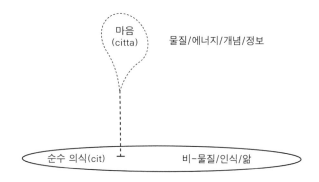

도표 4. 마음(citta)과 순수 의식(cit)

요가 수뜨라는 마음의 특성 세 가지를 지적하고 있다. 그것은 한계, 능력, 초월을 향한 출발점이 그것이다.

마음은 스스로를 해명하지 못한다. 그것은 자체로 지각된 어떤 것이기 때문이다. (IV.19)

요가에 의하면, 지식과 지식을 아는 자는 다르다.[43] 감각들에 대한 인식, 욕망에 대한 느낌들, 이러한 여러 가지 뇌에 의한 인식들은 엄밀히 아는 자가 아니라, 알려지는 대상이다. 대상은 '나의 무엇'으로 일어나고, 다음 순간 사라진다. 손이 차갑다. 손이 차다는 것을 내가 아는 것이 아니라, 차가운 느낌이 한동안 존재하는 것이다. 화가 난다. 내가 화나는 것이 아니라, 화가 한동안 존재한다. 일반적으로 자신의 손이 차고, 자신이 화가 남을 안다고 여긴다. 그러나 '차다'는, '화'라는 대상이 거기에 일시 존재한다. 요가에서는 이러한 앎은 지식, 대상이며, 에너지이고, 변하는 현상이고, 마음이다. 그래서 마음은 지각되는 물질이다. 이것이 마음의 한계성이다.

활동의 다양성 속에서, 여러 개의 마음을 몰아대는 것은 하나의 마음이다. (IV.5)

이들 마음 중에, 명상으로부터 오는 고양된 마음은 카르마(業,

karma)의 줄기를 가지지 않는다. (IV.6)

이들 구절은 마음에 능력이 있음을 명시하고 있다. 인간은 자신 안에 다양한 마음의 현상을 가진다. 이런 마음의 현상들은 변형될 수 있다. 이 과정이 명상이고, 이것은 집착의 경향성으로부터 마음을 경작한다. 마음의 변형은 요가 수뜨라(I.2)의 '니로드(nirodha)'를 통해 이루어진다. '니로드'는 '마음의 죽음'이 아니라, '마음의 정지', 즉 마음이 가진 기능의 정지이다. 이 정지 속에서 마음은 새로운 차원을 경험하고, 아직 경험하지 못한 마음들을 통제한다. 이 과정에서 마음은 주체인 동시에 객체이다. 이것이 마음이 가진 능력이다.

보는 자와 보이는 것에 의해 규정되는 마음은 다양한 의도를 가진다. (IV.23)

마음은 자신의 요동(搖動, fluctuation)을 통해 상호 관련성을 가지며, 세상에 의해 또한 보는 자에 의해 영향을 받는다.[44] 마음은 물질인 동시에 비非물질과의 통로이다. 마음은 현상과 현상 밖의 차원에 모두 관련하고 있다. 비록 우리가 마음으로 인해 매일의 일상에서 무수한 장애를 겪고 있지만, 마음은 또 다른 얼굴을 가지고 있다. 마음은 현상 너머에서 오는 소리를, 빛을 본다. 마음은 초월을 향한 여행의 출발점이다. 이 여행이 '니로드 과정'이다.

3) 니로드 과정(The process of Nirodha)

빠딴잘리는 요가의 과정을 설명하는데, 그것은 마음의 변형과정이라고 한다. 그에게 있어 요가는 초월을 향한 전적인 존재의 전복(顚覆, subversion)이다. 특히 이것은 마음의 재탄생이다. 이것은 '니로드'를 통해 이루어지고, 빠딴잘리 요가의 목적은 마음의 '니로드'이다.

(1) 세 가지 요소

빠딴잘리에 의하면, '니로드'를 위해선 세 가지 요소가 필요하다. 이것은 열정(Tapa), 내적 공부(Svādhyāya), 전체성에 대한 투신(Iśvara-praṇidhāna)이다(II.1). 이 세 가지 요소는 인간의 총체적 측면에 바탕하고 있다. 열정은 의지와 행위에, 내적 공부는 지성에, 투신은 감성과 연계되어 있다.[45]

땁(Tapa)은 문자적으로 '태우다', '열을 만들다', '에너지를 생산하다'의 의미를 가진다.[46] 그래서 이것은 일반적으로 요가 훈련을 위한 열망을 불태우는 것과 훈련에 대한 강한 노력을 뜻한다.[47] 열기는 내면에 자리한 응어리와 찌꺼기를 태우고,[48] 내면의 순도(純度, purity)를 높인다. 이것은 존재가, 삶이 보다 단순해지면서 생각과 의지와 행위에 투명도를 높인다. 이러한 단일화는 사사로운 많은 이원적 대립들을 제거하는 데 도움을 준다. 결국 인식론적 이원론을 태우는 것이다. 이것은 변형을 위한 동력이다.

스와디아야Svādhyāya는 일반적으로 경전과 영적인 가치들에 대한 공부를 의미하나, 깊은 의미는 한 개인성의 전체적 구조, 즉 육체적, 정신적, 감성적, 영적 측면에 대한 탐구를 가리킨다. 이것은 자기 자신의 의식을 바라보는 작업이며,[49] 통합된 지식을 위한 역동적 과정이다.

이쉬와르-쁘라니단Īśvara-praṇidhāna은 신에 대한 투항을 의미하나, 이를 넘어 자신의 의식을 온전히 내적 자각에 가져다 놓는 것이다.[50] 이 세 가지 요소는 외향적 마음을 탐구하고, 올바른 방향성을 가지게 한다.[51] 열기의 순화와 분별력 있는 지성, 그리고 온전한 투신은 마음의 변형을 위한 기본 요소이다.

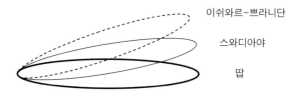

이쉬와르-쁘라니단

스와디아야

땁

도표 5. 니로드를 위한 세 요소

(2) 두 가지 방법

> 이러한 정지(nirodha)는 아비아스abhyāsa와 웨라기아vairāgyā에
> 의해서이다. (I.12)

아비아스Abhyāsa*는 일반적으로 끊임없는 훈련과 온전한 영적
인 노력이다.[52] 이것은 훈련에 있어서, 들쭉날쭉하는 변덕이 없음
을 가리킨다. 훈련은 강한 강도로 일관되게 이루어져야 한다. 기
분에 따라 하고 마는 취미생활이 아니다. 훈련은 오랜 기간 헌신
과 정성으로 행해져야 한다. 이것은 한 개인의 성격이 되어야 한
다. 요가의 과정에서 이것은 수련자의 영적 성숙도를 나타내기도
한다.

웨라기아Vairāgyā*는 집착하지 않음인데, 두 단계로 일반적인 것
과 심도深到 있는 것으로 나뉜다.

> 집착하지 않음은 자기-제어의 의식, 즉 보이고 듣기는 대상에
> 대한 갈증이 없음이다. (I.15)

일반적으로 집착하지 않음은 피하지도, 받아들이지도 않음이
다.[53] 욕망은 의지에 의한[54] 의식의 조절 하에 있다.[55] 집착하지 않
음은 소홀함이나 무관심이 아니라, 오히려 이것은 하나에 집중된

주의력을 통한 모든 대상에 대한 관심이며, 동시에 온전한 냉정함
이다.[56] 이것의 본질적 요지는 마음의 중립성이다. 주의를 기울이
지만, 좋고 나쁨에 대한 평가 없는 관심이다.

　　깊은 차원의 집착하지 않음은 영(puruṣa)의 지혜로 인해, 현상
　　에 대한 갈증이 없음이다. (I.16)

요가에 의하면, 집착하지 않음은 최상의 지식(jñāna)이다.[57] 집착
하지 않음은, 두 차원을 가진다. 하나는 맑은 자각(awareness)으로
마음의 모든 현상에서 거리를 두는 의식적 노력이며, 다른 하나는
마음의 명징한 상태를 가리킨다. 전자는 마음 안에서 보는 것과
보이는 것의 상호관계성을 가지며, 이것은 노력을 필요로 한다.
후자는 자각만이 있는, 상호 대립과 노력에서 자유롭다.

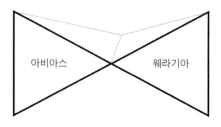

도표 6. 니로드를 위한 두 방법

(3) 니로드 사마디 Nirodha-samādhi

> 멈춤의 훈련에 의해 다른 사마디*가 따라오고, 세상은 홀로 남
> 는다. (I.18)

대상으로부터 전적인 물러남이 이루어지고, 결국 마음의 기능
이 멈춘다. 이러한 정지는 마음 안에서의 지속적인 자각을 통해
이루어진다.[58] 집중을 통해 잠재한 생각들이 멈출 때, 들끓던 생각
의 변조(modification)들이 가라앉고, 자각이 일관되게 흐를 때, 이
것이 니로드 사마디이다.[59]

치명적인 오해는 '니로드 사마디'에서 세상은 사라진다는 것이
다. 그러나 세상은 사라지지 않는다. 진정, 해석이 가해지지 않은,
어떠한 색깔도 입혀지지 않은 세상은 남는다. 니로드는 세상의 정
지가 아닌, 마음의 정지이다. 이것은 인식론적 멈춤이다. 대상과
마음 사이의 기능이 정지하는 것이다. 세상은 여전히 존재하나 마
음은 비非활동성 속에 있다. 자각만이 깨어 있다. 현상학적 입장
에서는 의식과 노에마noema*의 분리이다. 현상이 발생하기 이전,
곧 존재가 발생하기 이전이다. 현상학에서는 의식과 노에마(잠재
적 대상)의 만남이 현상, 곧 존재이기 때문이다. 물리학의 입장에
서는 관찰이 이루어지기 전의 상태이다. 관찰이 이루어질 때, 즉
파동함수가 붕괴될 때, 존재가 발생하기 때문이다. 현상학과 물리

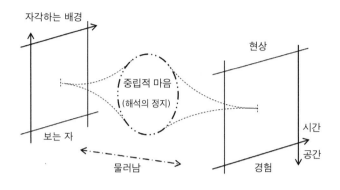

도표 7. 니로드 사마디

학의 존재(existence)는 실재(reality)와는 다르다. 그들의 존재는 해석을 통한 보임이다.

　마음은 자각뿐인 니로드 안에서 잠재되어 있고, 변형되어 있다. 니로드는 코마(coma, 혼수상태)나 깊은 잠이 아니다. 니로드는 일반적 의식의 확장이다. 항상 이분법적 구조에 갇혀 있던 마음은 더 이상 대립의 개념을 통해 대상을 인식하지 않을 수 있음을 경험한다. 이원론적 차원을 넘어 확장된 영역을 경험함으로써 마음은 변형을 이룬다. 이것은 언제든지 이원론적 구조를 벗어날 수 있는 능력을 가지게 되었음을 의미한다. 물론 이런 변형을 이룬 마음도 다시 개념의 세계로 복귀하지만, 전과는 다른 요소를 지니고 있다. 이것은 주관성의 상실을 이해한다는 것이다. 중립적인, 평정된 마음이 무엇임을 안다는 것이다. 마음이 중립을 생각하는 것과 중립성 자체에 있는 것은 다르다. 평정에 대한 사색과 관상은 결국, 개념의 상호 배열일 뿐이다. 흔히 이것을 사고(思考, speculation)라 한다. 생각, 마음의 주된 기능이다. 중립에 대한 생각이 아닌, 중립적 마음의 획득이 니로드 사마디의 목적이다.

니로드 안에서 어떻게 마음을 이해하고 조절할 것인가가 수련자의 과제이다. 일상에서 마음은 자신의 본성에 따라 기능을 할 것이다. 분별하고 선택한다. 많은 철학과 종교적 전통 안에서 이 마음의 기능을 제거하는 것이 최상의 목표로 오해되었다. 인간의 삶은 마음의 기능 없이 불가능하다. 이 사실을 도외시함으로써 어처구니없는 많은 믿음과 비상식적 교리를 주입한다. 마음은 제거되어야 할 대상이 아니라, 초월을 향해 경작되어야 할 우리의 자산이다.

니로드 과정은, 마음이 스스로 총체적 전복을 경험해 봄으로써, 재탄생하는 것이다. 스스로를 초월함으로써 새로운 차원을 여는 것이다. 마음은 개념을 이용하지만, 항상 여기에서 벗어난 중립을 유지할 수 있어야 한다. 평상심(平常心, even-mind)이 그 의미이다. 이것은 주관성, 개체성에서 자유로움을 의미한다. 자유롭다는 것은 버리는 것이 아니라, 장악 당하지 않는다는 것이다. 평상심은 생각도 감정도 없는 잔잔한 호수를 의미하지 않는다. 오히려 어느 마음보다 더 정밀하며 풍부한 감성을 가진다. 한쪽에 치우치지 않을 수 있기 때문이다. 평상심은 삶의 예술이다. 요가는 삶의 예술이다. 불후의 명작을 위해 우선, 기능을 연마해야 한다. 니로드의 획득은 삶의 종결이 아니라, 예술적 삶을 위한 출발선이다. 니로드는 철학적·종교적 이상이 아니라, 성숙한 철학적·종교적 탐구를 위한 기본적 기술이다. 니로드를 아는 자의 손에서 선이 꿈틀거리고 색이 비로소 호흡을 시작한다. 음이 조화를 함축하고 단어가 우리의 심장을 찌른다. 예술은 정답을, 완결을 찾는 작업이 아니다. 생명을, 아름다움을 유희한다. 그 있음으로 이미 족한 것이다. 니로드는 그 세계로 들어가는 문이다.

4) 보는 자 – 배경의식

마음은 니로드 과정을 통해 미지의 영역에 들어왔다. 그는 경험의 차원 밖에 서 있다.

> 그리고 보는 자는 자신의 본성에 충실하다. (I.3)
> 보는 자는 단지 봄이다. 매임이 없으며, 그저 생각을 본다.
> (II.20)

상까르에 의하면, '보는 자는 단순한 자각(awareness)이다. 여기서 보는 자는 봄과 다르지 않다. 만일 보는 자가 봄과 다르다면 그는 변화를 겪을 것이고, 그러면 그는 더 이상 단순한 관찰자가 아니다. 보이는 것이 있는 그대로 보이는 것이 아니라, 관찰자의 변

화에 의해 좌우된다. 보는 자는 단순히 봄이어야 한다.'고 한다.[60]
우리가 '개별자(an individual)'라는 것에 익숙하기에 이러한 표현
이 사용되어 왔을 뿐이다. 여기서 '보는 자'는 현상학과 물리학의
관찰자가 아니다. 개체, 주관이 사라진 관찰, 곧 그저 봄이다. 해석
이, 지향성이 없는, 파동함수가 붕괴되지 않은 봄이다. 그래서 이
것은 경험이 아니다. 마음이 아니다. 이것은 현상이, 경험이, 마음
이 펼쳐지는 '배경'[61]이다. 자각하는 배경이다.

5) 배경과 마음의 관계성

　　보이는 것의 본질은 오로지 보는 자를 위함이다. (II.21)

　상까르는 "보이는 것이 자신의 목적을 다했을 때, 이것은 스스
로 사라진다. 만일 보이는 것이 스스로 충만하다면, 결코 사라짐
없이 끊임없이 다시 보일 것이다."[62]라고 한다. 그러나 보이는 것
은 사라진다. 배경만이 충만하다. 배경은 보이는 것을 통해 드러
난다. 둘은 하나가 아니면서, 둘도 아니다.

　　둘의 결합이 그 특성과 그것의 소유자를 야기한다. (II.23)

　배경과 마음의 결합이 경험을 만든다. 그럼에도 불구하고 보는

자의 자각은 자유롭다.[63] 자각은 두 역할을 가지고 있다. 경험을 야기하고, 또한 경험에서 벗어나게 한다.[64] 경험은 마음을 통해 시공時空에 자리 잡는다. 마음은 배경과 경험 사이의 문이다. 배경은 스스로 드러나면서, 동시에 스스로 물러난다. 보이는 것은 이러한 유희의 매개이다.

요가 수뜨라의 주된 관심은 마음과 배경의 관계이다. 인간은 마음과 배경에 모두 걸쳐 있는 현상이다. 빠딴잘리는 인간의 초월적 가능성을 제시한다. 그에게 있어 삶은 초월을 향한 하나의 여정이다.

4. 요가 와시쉬트Yoga Vāsiṣṭha*

이 문헌은 서기 8세기경에 형성된 것으로 추정된다.[65] 베단타의 주제들을 급진적으로 다루고 있다. 저자는 독자로 하여금 주제들을 사고하는 것이 아니라, 직접 그 주제처럼 살도록 요구한다. 경험 속에서 하나하나 확인하기를 원한다. 때로는 이성보다 직관에 호소하지만, 이것은 그것을 살고 있는 자에겐 생생한 실제이기 때문이다. 누군가 한 뼘 뇌 속에 머물기가 답답하다면, 귀 기울여 볼일이다.

이 문헌에 의하면, 나타나는 것은 무엇이든 그저 마음의 창조물이다. 구체적 실재성이 없다는 것이다. 단지 궁극적 존재, 우주적 의식만을 허용한다.[66] 현상적 세계는 하나인 의식의 반영이다.[67] 그래서 창조도 파괴도 가능하지 않다.[68] 구속이나 해방이란 마음의 상태일 뿐, 이러한 잘못된 개념화의 습관은 부서져야 하고, 마음 자체는 초월되어야 한다.[69] 개체, 개별성은 단지 그것이 나타나도록 하는 개념화 활동의 산물이라는 것이다.[70] 이러한 맥락에서 한 가지 질문이 떠오른다. 그러면 인간은 단순히 마음 혹은 환각幻覺이란 말인가? 마음, 자유의지, 해방이란 주제를 통해 논의될 것이다.

1) 마음

요가 와시쉬트에 의하면, 마음은 궁극에서 발생했다. 그래서 절대의 브라흐만과 반복적 역사의 두 차원을 가진다.[71] 마음은 비록 세상적 관계의 원천이지만, 절대를 향한 잠재성을 가지고 있다. 관련 없는 존재들이 함께 모이고, 마음은 이를 하나의 관련성 속에 묶는다.[72] 경험은 관계성에 대한 해석이다. 관계성의 반복적 역사는 경험의 그물망이고, 이 그물망이 현상세계이다. 마음은 경험이 드러나는 화면이다.

더 나아가 문헌은 "마음과 행위 사이에 구분이 없다."[73]고 한다. 마음이 있는 곳에 희망과 욕구와 고통과 기쁨이 있다.[74] 깨어 있는 일상과 꿈과 깊은 잠은 마음이 가진 기능의 표현이다. 다양성의 인식에 의해 조건 지워진 마음이 뭔가를 볼 때, 비로소 마음이 다양성을 본다.[75] 현상의 다양성은 마음의 다양성에서 온다.

비非현상을 향한 마음의 잠재성은 비非조건의 차원에 기인한다. 문헌은 '조건화된 마음이 홀로 구속되어 있고, 해방은 마음이 조건으로부터 벗어날 때'[76]라고 한다. 구속은 우리의 제한된 이해이며, 우리 자신의 생각이다.[77] 구심적 경향성이 하나의 조건이고, 곧 구속이다. 이것은 우리를 하나의 경계에 묶고, 하나의 영역을 형성한다. 이 구역이 바로 우리의 마음이다. 마음은 환경과 세상에 배타적이고, 자신의 입맛에 맞을 때만 받아들인다. 이러한 배타성은 마음이 가진 잠재성인 확장의 본성에 반대된다. 마음의 혼란은 구심성과 확장이라는 두 가지 모순된 경향성에 기인한다. 경계는 마음 안에 있는 두 대립적 경향성의 결과이다.

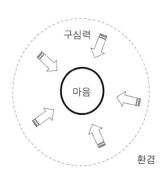

도표 8. 구심적 마음

문헌은 "마음은 비실재가 실재로 나타나는 혼란된 상태이고,[78] 실재와 비실재의 사이에 서 있다."[79]고 한다. 이 근본적 궁지를 벗어나기 위해, 요가 와시쉬트는 하나의 출구를 제시하는데, 이것 또한 하나의 역설(paradox)이다. "마음이 개념에 의해 생성되었기에, 개념에 의해 파괴되어야 한다."[80]는 것이다. 마음은 실재에 닿아 있다. 그래서 마음은 자신을 통제할 수 있고, 스스로를 넘어 갈수 있다.[81] 문헌은 "마음으로 마음을 확장하라. 그리고 모든 것 속에 존재하는 하나의 영원성을 바라보며, 자신 안에서 고요히 머물러라."[82]라고 한다. 이 상태에서 마음은 청명하며, 이미지와의 모든 연결을 끊어버린다.[83] 문헌은 "해방된 자는 조건으로부터 자유로운 마음과 함께 세상을 살아간다."[84]고 한다.

마음은 실재와 비실재라는 두 대립적 성향에서 하나를 선택해야 한다. 이것은 확장을 향한 지향성이어야 한다. 마음은 강한 확장으로 구심적 경향성과 배타성을 극복한다. 이것이 초월이다. 심리적 조건과 제약이 풀렸다. 그럼에도 마음은 여전히 기능한다. 그러나 이 마음은 변형된 마음이다. 이것은 자유로이 배경 위를 흐른다.

2) 자유의지

요가 와시쉬트에서는 자유의지는 부여된 것이고, 얻어지는 모든 것은, 단지 자신의 노력에 의한 것이라 한다. 스스로의 노력이란 정신적, 언어적, 신체적 행위이다.[85] 스스로의 노력은 과거와 현재라는 두 영역을 가지고 있다.[86] 운명이란 자신의 지나간 행위, 즉 과거에 스스로의 노력이 축적된 것이다.[87] 현재는 과거보다 훨씬 큰 세력을 가지는데,[88] 이것은 물리적 세계가 관련되어 있기 때문이다. 스스로의 노력은 세 측면의 뿌리를 가지는데, 지성 안에서의 내적 알아차림과 의지를 통한 결정, 그리고 육체적 행위이다.[89] 문헌은 '우리가 자신 외에, 어떤 것으로부터도 행위에 대한 강요를 받지 않는다.'[90]고 한다.

인간의 행위를 결정하는 것은 오로지 축적된 자신의 의지와 현재의 자신의 의지이다. 흔히 전자를 운명이라, 후자를 자유의지라 한다. 그러나 이 둘은 본질적으로 같은 것이다. 단지 차이가 있다면, 서 있는 영역이 다를 뿐이다. 운명이 시간 안에 갇혀 있는 동안, 자유의지는 아직 시간의 영역 밖에서 자유롭다. 다스굽뜨(S. Dasgupta)*는 이 둘은 항상 충돌한다고 한다.[91] 비록 운명이 자신의 축적된 힘으로 흐름을 몰아가지만, 자유의지는 열려있고 잠재성을 가진 영원성, 즉 현재로 인해 보다 더 강력하다. 그러나 자유의지는 종종 운명의 흐름에 편승한다. 누가 승리를 하든, 모든 것은 두 힘의 상호협력에 의해 결정된다. 최소한 자유의지는 자신의 위치를 확보한다.

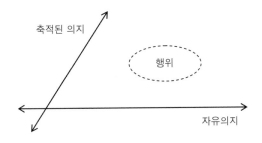

도표 9. 축적된 의지/자유의지

이러한 의지는 어떻게 시작되었을까? 요가 와시쉬트(Ⅲ.96.15)에 의하면, '영원성의 의식이 우연히 자신을 망각하고, 스스로를 하나의 인식 대상으로 여겼을 때, 모든 개념이 발생했다.'고 한다. 현상의 세계, 마야가 시작된 것이다. 우연에 의해 발생한 마야는 진화를 향한 필연성을 가지지 않는다. 개방성과 불확정성이 모든 것을 허용한다. 비록 세상이 축적된 힘에 의해 흘러가지만, 자유의지가 간섭할 여지는 항상 열려 있는 것이다. 그래서 이 문헌은 운명을 인정하지 않는다(Ⅱ.8). 우리 모두는 오로지 자기 스스로의 노력에 의해 오늘을 얻었다. 우리가 기억하는 과거일 수도, 그렇지 않은 과거일 수도 있지만, 오늘의 결과는 우리 스스로에게서 기인하고 있다. 어떤 것을 결정할 때, 우리가 알지 못하는 많은 요인이 개입하지만, 알지 못하는 시간의 터널 속에서 우리의 손길이 그 무수한 요인들에 닿아 있었다.

사실, 세상이 어디로 흘러가든 중요하지 않다. 우연에 의해 시작되었고, 그 끝이 열려 있고, 그 방향성 또한 불확실한 세상에서 무엇을 기대할 수 있을까? 세상은 그저 흔들리는 불꽃놀이이다. 중요한 것은 그 흐름 자체에서 벗어나는 일이다. 궁극의 존재, 배경은 늘 있는 그대로이다. 자유의지는 그 불꽃이 흔들릴 동안만 의미를 가진다. 아무리 화려해도 잠시 후, 깊은 밤하늘만 남는다. 자유의지 또한 불꽃이기 때문이다. 배경의식의 관점에서 자유의지는 아무런 의미가 없다. 그것은 단지 불꽃놀이의 규칙일 뿐이다. 규칙은 놀이 안에서만 살아 있다. 배경엔 규칙이 없다.

3) 해방

요가 와시쉬트는 "해방은 홀로 있는 절대 그 자체이고, 그렇게 있는 전적인 비非현상을 아는 것이다. 이것은 단순히 개체성과 우주현상을 거부하는 것과는 다르다."[92]고 한다. 이것은 이중성의 함몰이지 우주의 함몰이 아니다. 이것은 주관성에 대한 집착을 멈추는 것이고, 개념의 경계를 확장하는 것이다. 문헌은 '마음이 붕괴되었을 때, 해방이 일어난다.'[93]고 한다.

　그럼에도 불구하고, 요가 와시쉬트는 마음을 허용한다. '해방은 조건화되지 않은 마음'[94]이라고도 한다. 그러면 조건화되지 않았다는 것은 무슨 의미인가? 비록 생각과 개념이 의식 위에서 흐르나, 그들은 점착할 어떠한 핵도 가지지 않는다. 마음은 더 이상 이들을 끌어들이거나 붙들지 않는다. 이 차원엔 의식은 있으나 해석

도표 10. 해방

이 없다. 머무는 중심이 없기에, 오고 감도 없다. 오고 감이란 상대적 개념이고 필연적으로 기준을 필요로 하기 때문이다. 조건화되지 않음은 중심의 부재, 기준의 부재, 해석의 부재를 의미한다. 이것이 마음의 초월이고, 해방이다.

요가 와시쉬트는 지완묵띠Jīvanmukti*의 개념으로 해방을 설명한다. 이것은 '나타나는 일상을 살며, 전 세상이 비어 있음을 경험하는 것'[95]이라고 한다. 마음은 여전히 일상의 삶을 이끌지만, 그것은 단지 불꽃의 기능으로서 일뿐이다. 불꽃이 있음으로 인해 깊은 밤하늘이 드러나고, 불꽃은 그 위에서 춤을 춘다. 불꽃은 그 배경과 다르지 않다. 배경은 그 빛 하나하나에 숨어 있다. 빛은 그 어둠을 통해 존재하기 때문이다. 마음은 궁극과 다르지 않고,[96] 우주의식은 모든 존재의 바로 그 본질이다.[97]

요가 와시쉬트에서의 인간은 환각이다.[98] 인간 현상은 관계적 마음의 그물망에서 온다. 마음은 관계성에 대한 해석일 뿐이다. 그래서 마음의 본질은 기능이다. 한 개인이란 그 그물망 안에서 하나의 시스템으로 존재한다. 그럼에도, '인간은 환각'이라는 선언이 정신병리적 진단과 다른 이유가 있다. 누군가 정신병리적 환각에서 벗어났을 때, 그는 다시 또 다른 정신병리적 환각이나, 세상이라는 환각에 떨어진다. 반면, 누군가 세상이라는 환각에서 벗어났을 때, 그는 배경에 떨어진다. 전자의 경우, 그는 여전히 개념의 세계에 남지만, 후자에서는 모든 개념을 상실한다. 마지막 출구는 어떠한 개념도 허용하지 않는다.

인간 현상이 환각이라는 선언은 우리로 하여금 하나의 벽을 직면하게 한다. 이 벽은 도전이다. 요가 와시쉬트는 우리를 초월을 통해 새로운 차원으로 초대하고 있다. 그것은 마음의 변형과 함께 일어난다. 인간은 초월을 향한 지향성을 가지고 있다.

5. 요가 문헌과 현상학

우파니샤드의 핵심은 인간과 실재성의 결합이다. 이것은 인간 안에 심겨진 본질적 방향성을 통해 가능하다. 이러한 자기 방향성은 인간의 초월을 뜻한다. 인류는 또 한 번의 혁혁한 진화에 직면하고 있다. 인류가 직립이라는 사건을 통해 오늘날까지 한달음에 달려왔듯, 이제 새로운 걸음을 내디뎌야 한다. 우파니샤드는 문명의 이기利器가 발전하기 오래 전, 이미 이러한 필요성을 직시했다. 그러나 인류는 수천 년간 물질적 변화 외에, 인간 자체에 있어 별다른 성장을 이루지 못했다.

현상학*에 의하면, 인간 현상은 지향성을 가지고 있다. 처음에 이것은 주관과 객관의 문제를 해결하기 위한 장치였다. '의식은 항상 대상을 향해 방향 지워져 있다.'는 것이 지향성의 요지이다. 경험적 의식은 필연적으로 대상을 필요로 한다. 경험 속에서 둘은 독립적이지 않다. 둘이 만나 하나의 경험이라는 현상을 만들기 때문이다. 이 협력관계가 지향성이며, 노에시스noesis*라는 표현을 사용하기도 한다. 이것의 속성은 '자기 방향성'이다.

사르트르는 지향성의 개념을 확장한다. 후설(Edmund Husserl)에게 있어 지향성은 존재론적 상태, 즉 경험의 발생적 측면을 설명하는 'being-in-itself('그렇게' 있는 것으로의 존재)'를 가리킨다. 반면, 사르트르는 현상에 숙고熟考적 차원을 포함시켰다. 그에게 있어 지향성은 또한 의미와 목적을 포함하는 'being-for-itself(자기 고유성을 향한 존재)'의 방향성을 의미했다. 현상은 단순히 존재하지 않고, 본질적으로 변화하고 있다. 현상은 변화를 위해, 그리고 방향성을 통해 존재한다. 변화가 확장을 지향할 때, 이것은 진화라는 맥락에서 의미를 가진다. 그래서 지향성은 존재의 방식이며, 현상이 변화하는 방향성이다. 요가에서 지향성은 인간의 자기 방향성이며, 초월을 향한 방향성을 가리킨다. 요가 전통과 현상학은 같은 인간의 속성과 목적을 발견하고 있다.

바가바드기타는 세상을 받아들이고 그 다양성을 허용한다. 인간은 세상으로부터 도망갈 필요가 없다. 인간은 세상의 일부, 즉 'being-in-the-world(세계 안의 존재)'이다. 인간은 환경과의 관계성을 통해 존재한다. 삶은 서로의 접점에서 일어난다. 인간도 하나의 환경이며, 전혀 특별하지 않다. 모든 것은 하나의 연결망이다. 인간은 세계 속에 있고, 세계도 인간 안에 있다. 다양성이 그물망의 속성이고, 이것은 변화에 의존한다. 그물망은 현상이다. 이것은 절대적 중심과 기준이 없다는 것을 의미한다. 이것은 단지 상대적이며, 변화하고 있다. 당연히 인간도 그물망과 같은 성질을 가진다. 그는 현상이며, 어떠한 본질 없이 끊임없는 변화이다. 바가바드기타에 의하면, 인간 현상은 초월을 향해 변화하고 있다.

요가 수뜨라에 의하면 마음은 현상과 실재성이라는 두 차원의 연결점이라고 한다. 이 접점은 하나의 가능성을 가지고 있다. 가능성의 방향은 실재, 곧 배경을 향한 초월이다. 이 과정의 방법론이 마음의 변형이다. 이 변형은 개념을 만들어내는 자신의 기능을 멈춤으로써 이루어진다. 이 정지를 통해, 경험적 의식인 마음은 배경의식의 직접성을 얻는다. 직접성은 경험이 아니고 현상이 아니다. 이것은 실재의 차원에 속한다.

후설은 직접적 차원을 얻기 위해 하나의 인식론적 개념을 고안했다. 이것은 에포케로 현상학적 환원(現象學的 還元, phenomeno-logical reduction)이라고도 하며, '판단 정지'로 알려져 있다. 이 에포케의 과정은 모든 전제와 경험적 자료를 제거한 뒤에 실재성, 배경으로 들어가려 한다. 에포케의 목적도 마음의 기능을 멈추는 것이며, 경험적 의식의 변형을 시도한다. 니로드 과정과 에포케는 기술적으로 같은 것이다. 그들은 경험적 의식을 배경의식으로 변형하고자 한다. 즉 현상에서 실재성으로의 초월이다.

요가 와시쉬트 또한 두 차원을 주장한다. 우주의식과 세상이 그것이다. 전자는 유일한 궁극적 실체이고, 후자는 단지 하나인 의식의 반향(reflection)이다. 세상은 그저 나타나는 정신적 활동성이다. 마음은 초월을 향한 잠재성을 가지며, 마음에 의해 마음을 변형함으로써 그 잠재성을 실현한다. 이 역설이 두 차원을 연결한다.

후설에게 현상학의 목적은 순수 현상을 얻는 것이었다. 그러나 요가 와시쉬트는 현상적 실재 자체를 거부한다. 이것은 현상을 넘은 배경을 제시하고 있다. 그리고 다소 급진적 언어로 현상으로부터 벗어나기를 호소한다. 후기 현상학자들은 순수 현상이 불가능하고, 세상 자체가 현상임을 이해했다. 그래서 그들은 하나의 방법론으로서 현상학을 받아들였고, 현상의 방향을 열어 놓았다. 반면, 요가는 그 방향에 대한 확신을 가지고 있다. 그것은 차원의 초월이다.

· 제2장 ·

인간의 현상들

1. 카르마Karma

1) 기원

카르마* 개념은 갠지스 강 유역[99] 아리안Aryan*의 작품이다.[100] 그
들은 과거에 일어난 사건들의 의미를 인식했고, 시간의 맥락 속에
서 이들의 관련성을 탐구한 것으로 보인다. 그 관계성은 리그베다
Ṛg-Veda*에서 리뜨Ṛta*로 표현되었다. 리뜨는 우주적 질서를 의
미하지만, 희생제나 의례를 지칭하기도 했다.[101] 초기 베다시대에
제의식이 차지한 비중을 짐작할 수 있다. 그래서 베다시대의 카
르마는 일반적으로 희생제(犧牲祭, sacrificing)를 가리켰다.[102] 카
르마가 문헌에 처음 등장하는 것은 브리하드-아라니앗Ṭ Bṛhad-

āraṇyaka 우파니샤드(III.2.13)인데,[103] 여기선 행위 자체, 혹은 행위의 결과를 지칭하는 용어로 사용된다. 좋은 행위에 의해선 좋은 결과가, 나쁜 행위에 의해선 나쁜 결과가 온다는 내용이다.[104] 비록 희생제의 의미가 우파니샤드에도 남아 있기는 하지만, 카르마는 더 이상 희생제에 국한된 용어가 아니었다.[105] 이 새로운 의미가 바가바드기타 시대에 이르러선 확실하게 정립되었다. 용어의 내포가 '제의祭儀'에서 '인과적 순환'으로 확장되었다.

2) 카르마에 있어서의 인과론

철학적으로 카르마는 인과因果의 법칙을 의미한다.[106] 찬도기아 Chāndogya 우파니샤드(VI.I.4)에 의하면, '진흙으로 만들어진 모든 것이 한 진흙덩이에게 알려지고, 그 변조(變造, manifestation)는 단지 이름이네.' 우파니샤드는 원인을 변화의 근원으로 보고 있다.[107] 그럼에도 불구하고 인과론은 우파니샤드에서 두드러지게 발견되지 않는다.[108] 인과적 카르마는 상키아와 불교의 영향으로 보인다.[109] 상키아의 인과론은 삿뜨까리Satkārya 이론으로 대변된다. 이 이론은 '존재하는 것은 배타적으로 존재하고, 존재하지 않는 것은 배타적으로 존재하지 않는다.'[110]는 인도 철학의 기본개념이다. 존재하지 않는 것은 발생하지 않고, 존재하는 것은 사라지지 않는다는 내용이다. 삿뜨까리 이론은, 인과론은 잠재 형태로 이미 존재하던 원인들에 어떤 변화가 나타나거나, 그 특성의 변조

를 의미한다고 한다. 결과는 원인의 지속적 변화일 뿐이다.[111]

비非이원론적 베단타학파의 창시자인 상까르Śaṅkara*는 삿뜨까리 이론*을 일부 수용하며, "결과의 실재성은 그것의 내적 실재성을 뒷받침하는 원인 안에 있는 선先존재(pre-exists)로부터 온다."[112]고 한다. 그에 의하면, 결과는 원인으로서 그 변조 이전에 이미 존재한다. 왜냐하면 어떤 것이 이미 존재하지 않으면, 발생할 수 없기 때문이라는 것이다. 개체가 하는 행위란 원인을 결과로 변형시키는 것이다. 이처럼 인과가 연속적인 것이라면, 원인과 결과는 서로 다른 것이 아니다.[113]

위와르뜨Vivarta 이론은 비이원적 베단타학파의 인과론을 대변한다. 이 이론에 의하면, '원인은 언제나 동일하게 남아 있으며, 결과라는 것은 이름과 형태로의 비실제적 나타남에 불과하다.'[114] 변하지 않는 것이 다양하게 나타날 뿐이다. 이 나타남은 이름과 형태(nāma-rūpa)*를 통해서다. 삿뜨까리와 위와르뜨 이론은 서로 다른 요점을 가지고 있다. 전자는 구체적 사건의 원인을 실재로 받아들이며 원인이 진행되는 '과정'이나 현상의 '관계성'을 설명하고 있는 반면, 후자는 현상 너머에 초점을 맞추며 원인과 현상의 '성격'을 설명하고 있다. 이들은 인과의 다른 측면을 설명하고 있으며, 논하고 있는 범주가 서로 다르다.

비이원적 베단타는 인과론에서 복수성(複數性, plurality), 회귀성(regression), 이원성(duality)의 문제를 지적한다. 베단타는 각각의 특정한 결과는 복수의 원인과 관계한다고 한다. '하나의 씨앗은 특정 식물에 대한 원인으로 여겨질 수 없다. 왜냐하면 그 성장은 다른 요소들의 협력 없이는 가능하지 않기 때문이다.'[115] 회귀성에 있어서는, '이 세상의 모든 실체가 다른 실체에 의해 존재하고, 우리는 이들이 기원한 다른 실체를 고려하지 않고서는 각 실체의 성격을 규정할 수 없다'.[116] 이러한 원인의 추적은 다시 다른 원인을 필요로 하고, 이것은 영원히 계속된다. 무엇에 대한 독자적 규정은 불가능하다. 이원성에 대해선, '인과론은 원인과 결과라는 이원론의 관계성을 의미한다. 그들은 이원성을 인정하지 않으므로, 인과론은 잘못된 개념에 바탕하고 있다. 인과론은 애초부터 이들의 논의 밖에 있다.'[117]라고 한다.

인과론은 필연성을 바탕으로 성립된다. 이것은 이 이론이 필요충분조건을 가져야 함을 의미한다. 그러나 절대적 필요충분 관계는 현실세계에서 실제로 가능하지 않다. 필요충분조건은 유일한 하나의 원인이 유일한 하나의 결과를 도출해야 하기 때문이며, 이것은 원인의 복수성에 위배된다. 환경이 특화된 실험이나 상황에서만 상대적으로 가능한 '조건적 필요충분 관계'만 허용된다.

필요조건은 결과에 열려 있다. 이 경우, 한 결과를 위해선 특정 원인이 반드시 있어야 하지만, 이 특정 원인은 다른 무수한 결과를 야기할 수 있기 때문이다. 충분조건은 원인에 열려 있다. 이 경우, 한 원인이 있으면, 이것은 특정 결과를 보장한다. 그러나 그 특

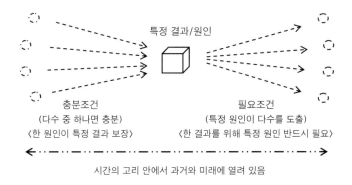

도표 11. 필요충분조건

정 결과는 무수한 다른 원인에 의해 발생할 수 있다. 그러므로 세상의 모든 사건은 원인과 결과에 열려 있다.

데이비드 흄David Hume*에 의하면, '사건은 필연적이지 않다. 그들의 관계성은 사실(事實, de facto)에 의한 것이지, 논리(論理, de logico)에 의한 것이 아니다.'[118] 칸트(I. Kant)는, "인과因果 관계는 본질적으로 시간적 관계이며, 전후 관계를 가리킨다."[119]고 한다. 베단타에 의하면, '인과율은 단지 시간 안에서만 작동하고,[120] 그 결과는 무한대로 펼쳐지며, 이것은 원인으로서 다시 무한대로 남는다. 그래서 원인과 결과는 과거, 현재, 미래 속에서 언제나 무한대로 보인다'.[121] 상까르는 '인과는 단지 관계'[122]라고 한다.

모든 사건은 시간 안에서 두 방향의 무한대로 열려 있다. 그들은 필연 안에서 존재하는 것이 아니라, 단지 시간의 고리 안에서 나타나는 연속으로 존재한다. 사건은 끊임없이 변하는 관계성의 나타남이다.

3) 카르마의 특성

카르마는 조건, 경향성, 경험이라는 세 개의 개념을 통해 분석될 수 있다. 첫째로 조건을 보면, 우파니샤드는 세상이 스스로의 존재를 갖지 못하는 원인들에 의해 조건 지워져 있다[123]고 한다. 바가바드기타(Ⅲ.27; cf.V.14, XIII.29)에서는, 모든 종류의 일은 자연의 양식(樣式, mode)들에 의해 행해진다고 하면서도, 이 자연의 양식 건너에 있는 가능성을 열어둔다. 자연은 절대적 결정자가 아니라 하나의 조건이다.[124] 자연을 넘을 가능성이 있다고 함은, 카르마는 단지 카르마 안에서만 작동함을 함축한다. 현상의 법칙은 현상 안에서만 의미가 있다. 자연의 양식은 자체로 하나의 조건이며 제약이다.

둘째, 경향성에 대해선, 바가바드기타(Ⅷ.3)는 '카르마는 모든 것을 존재로 몰아넣는 창조적 힘에 부여된 이름'이라고 한다. 이것은 카르마에 어떤 종류의 흐름이, 곧 경향성이 있다는 것이다. 라다크리쉬난은 "비록 우리가 우리의 과거를 기억하지 못하지만, 과거의 경향성으로부터 오는 특정한 것들을 유추할 수 있다."[125]고 한다. 카르마는 하나의 힘에 근거하고, 이것은 특정한 방향으로 연속적 행위들을 이끈다. 카르마는 흐름이다. 비록 인간이 경향성에 묶여 있으나, 그는 또 다른 잠재적 경향성에 의해 이를 극복한다. 카르마는 제약적 경향성이지만, 동시에 초월의 경향성이기도 하다.

셋째, 경험, 이것은 곧 세계에 들어옴이다. 행위는 신체기관에 흔적을 남기고 이것은 적절한 시간에 다시 나타난다.[126] 상까르에 의하면, '개체성은 카르마에 의해서이다. 우리가 존재하는 어떤 종류의 상황은 단지 그 행위자에 의해 이루어진 행위의 결과이다.'[127] 다스굽뜨*는 "축적된 카르마의 힘이 그를 새로운 경험의 환경으로 이끈다."[128]고 한다. 카르마는 경향성과 힘을 가지기에 자신을 표출한다. 이 내재된 에너지는 표현을, 존재함을 필요로 한다. 이것이 경험이고, 카르마는 현상세계의 원천이다. 이것은 나타나서 다른 조건들과 관계하고, 다시 다른 형태로 나타난다. 이런 순환이 현상의 세계이다.

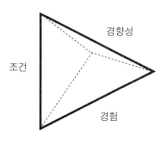

도표 12. 카르마의 특성

코워드(Harold G. Coward)*와 고아(David J. Goa)*는 요가 수뜨라(Ⅱ.12~14, Ⅳ.7~9)를 바탕으로 카르마를 설명하는데, '기억의 흔적인 모든 카르마의 씨앗은 우리 무의식의 창고에 가라앉아 있다. 이것은 충동이나 본능 혹은 경향성으로 솟구쳐, 다시 같은 행동이나 생각을 하기에 이로운 환경을 기다리며 그곳에 앉아 있다. 카르마는 원래 기계적이지 않다. 오히려 이것은 그저 행위나 생각에 치우친다.'[129]라고 한다. 이 설명 또한 카르마의 조건, 경향성, 경험의 측면을 지적하고 있다.

4) 관계로서의 카르마

앞에서 논의된 것처럼 인과는 과거와 미래를 향해 열려 있으며, 상호 의존적이고, 필연적이지 않다. 인과는 사건의 연속성 안에서의 시간의 관계이고, 특정 사건을 해석하기 위해 시간과 관련한 정보를 얻기 위한 자료일 뿐이다. 카르마와 인과(因果, causality)를 동일시하는 것은 잘못이다. 인과가 필연성과 시간을 요구하는 반면, 카르마는 연속성과 경향성으로 이루어진다. 비록 이 연속성이 시간에 갇혀 있지만, 시간을 확장함으로써 이것은 무한으로 열려 있다. 예외 없이 카르마는 모든 사건과 연결되어 하나의 망을 형성하고, 하나의 망 안에서 그들은 서로 의존되어 있다. 하나의 망 속에서는 안과 밖, 앞과 뒤는 사라진다. 선과 악 또한 이 망 안에서는 서로 의존되어 있다.

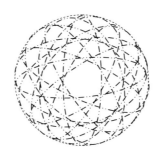

도표 13. 카르마=관계성

　만일 카르마가 인과에서 자유롭다면, 무엇이 카르마를 대표하
는가? 라다크리쉬난은, '어떤 것의 본질은 그 관계의 내재적 법칙
이며, 세상의 과정은 끊임없는 현상들의 연속물이다. 과거와 현재
의 점착(粘着, adhesion)이 있고, 이것은 우리의 노력에 의해 끊어
질 수 있다. 그래서 삶이란 단지 한 사건 다음의 다른 사건일 뿐'[130]
이라고 했다. 시간은 변화하는 현상들을 묶는다. 이러한 현상의
집단은 동질적인 동시에 이질적인 것들의 집합이다. 비록 이들이
다르지만, 동일한 측면들이 임의성에서 벗어나게 한다. 사건들은
동질성에 의해 단지 상호 연관되어 있을 뿐이다. 카르마는 현상에
연속성을 부여하는 '관계의 법칙'이다.

　니콜슨(Shirley Nicholson)은 카르마를 날씨의 복잡성에 비유하
고 있다. 주어진 장소와 날짜의 날씨는 무수한 요소, 즉 과거와 현
재, 지역과 원거리, 결과의 변화에 끼어들려는 새로운 영향들 등
등, 이들의 복합적 결과이다. 카르마는 다차원적이지, 단순 차원의

결과물이 아니다. 이것은 헤아릴 수 없는 원인들의 결과이다.[131] 카르마는 모든 방향과, 모든 수준에서 이루어지는 상호 관련의 거대한 그물구조이다. 무한대의 원인은 원인으로서 의미가 없다.

열린 관계는 중립성이라는 중요한 사실을 내포한다. 전체적 그물, 망구조網構造에서는 선은 악에 속하고, 악은 선에 속한다. 평가는 단지 해석의 문제이다. 프랑클(Victor Emil Frankl)*은 말하기를, "좋고 나쁜 카르마라는 것은 전적으로 주관적인 것이며, 사건은 그 자체로 중립적이나, 사건에 대한 우리의 반응이 진정 카르마적 요소이다."[132]라고, 메츠거(William Metzger)는 "카르마는 도덕적 법칙이 아니며, 그것이 제공하는 결과에 의해서는 무엇이 선이고, 악인지 분명히 구분할 수 없다. 삶은 그렇게 분명히 구획되는 것이 아니다."[133]라고 한다. 문제는 '어떻게 사용하느냐'이다. 모든 것이 다차원의 중립적 관련성에 있으나, 단지 특정한 사건만이 해석이라는 조건 속에 갇혀 있다.

비록 인간이 조건으로부터 자유롭지 않으나, 그는 선택이라는 능력을 가지고 있다. 관계는 무한으로 열려 있기 때문이다. 라다크리쉬난에 의하면, 과거와 현재 사이의 지속성은 기계적이지 않다. 세상엔 기계적 법칙 이상의 무엇이 있다. 카르마는 자연 질서의 규칙성과 영적 성장을 동시에 암시한다고 한다.[134] 모든 현상은 중립적으로 상호 연관되어 있으며, 인간은 카르마 안에서 카르마로부터 자유로울 수 있다.

2. 윤리성

1) 기원과 관련 개념들

인간은 삶에서 즐거움과 고통을 관찰하는데 익숙하다. 이 두 대립적 상황은 인간으로 하여금 그 대립의 이유를 발견하고, 거기에 질서를 부여하도록 자극했다. 왜냐하면 인간은 개인과 사회에 대한 혼란과 예측할 수 없는 임의성任意性을 견딜 수 없었기 때문이다. 인간은 항상 모든 상황에 대해 설명을 필요로 하는 존재이다.

고대 인도 문화에서는, 리그베다가 모든 현상에 대해 하나의 질서를 제공했다. 이것은 리뜨Rta 개념으로, 인도에서 윤리성의 기원으로 여겨지고 있다.[135] 이것은 앞에서 살펴본 것처럼, 우주적 질서와 제의적 질서의 저장고이다. 리뜨는 우주에서 모든 종류의 현상적 변화의 질서를 함축하고 있는 것으로 보인다. 우주에 질서가 있고, 무엇이 예측될 수 있다는 사실은 인간에게 심리적 안정감을 주고, 미래를 위해 일상의 행동을 조절할 동기를 제공한다. 이러한 개념은 즐거움을 얻고, 고통을 피하려는 기대감을 만든다. 리뜨의 기능은 인간의 행위에 방향성을 제공하고, 우주적 질서에 편승하려는 욕구를 충족시키는 것으로 보인다.

윤리성은 사회 안에서 그리고 개인 안에서의 상호 관계성 문제이다. 리뜨나 카르마 개념에 의하면, 현재의 행위는 미래의 결과와 관계한다. 카르마의 그물 망 안에 있는 어떤 것도 관계적 구조를 벗어날 수 없다. 이 사실은 '보존의 개념'을 낳는다. 이것은 물리학의 '에너지 보존의 법칙'과 비교될 수 있다.[136] '어떤 행위도 헛되이 상실되지 않는다.'[137]는 사실이다.

보존의 성격은 카르마의 경향성과 함께 작용해서 전통적 윤리 개념을 낳는데, 선은 선을 낳고, 악은 악을 낳는다는 것이 그것이다. 이것은 '윤리적 보존의 법칙'이다. 카르마의 경향성에 의하면, 유사는 유사를 낳는다. 이 개념은 '보상의 법칙'을 낳는다. 즐거움을 원하는 인간에겐 선택의 여지가 없다. 그는 선을 선택하도록 강요받는다.

이 점에서 하나의 의문이 생긴다. 무엇이 선이고 무엇이 악인가? 판단은 기준과 목적을 통해 가능하다. 특히 가치는 그 기준으로서 목적을 필요로 한다. 만일 한 사건이 목적에 부합하면, 그때, 그것이 가치가 있는 것으로 평가된다. 그래서 윤리적 판단은 자신의 목적을 가져야만 하고, 윤리 자체는 목표 지향적 구조를 가진다. 그 목표에 부합하는 것은 무엇이나 옳고, 그렇지 않으면 잘못이다. 문제는 윤리적 목표가 문화, 종교, 철학 그리고 시대에 따라다르다는 것이다.

인도 전통에서는, 유물론적 경향인 짜르왁Cārvāka*을 제외한 모든 사상적 전통이 목츠Mokṣa*를 최고의 삶으로, 즉 목표로 여기고있다.[138] 목츠는 학파마다 다른 정의를 가지고 있어, 명확한 개념을 도출하기 어렵다. 그럼에도 불구하고 모두가 최소한 동의하는 것은, 목츠는 고통으로부터의 완전한 벗어남이고, 개인의 기원적 본성을 얻는 것이다.[139] 게다가 인도 전통에 있어서 목츠의 주목할 만한 점은, 이것이 옳고 그름의 판단을 넘은 탈윤리(脫倫理, non-moral)적이고 초윤리(超倫理, supra-moral)상태라는 것이다.[140]

우주의 반어적 현실은, 윤리를 넘어가기 위해 윤리가 필요하다는 사실이다. 그러나 이것은 모순적이지 않다. 현상의 차원은 이원성二元性의 차원이다. 인간은 이원적 차원 안에서의 긴 여정을 통해 비로소 비현상적 차원의 경계에 도달한다. 그 연후에 목적지로 넘어가는 것이 가능하다. 초超윤리는 마음이 마음을 통해 조절되듯이, 윤리를 통해 가능하다. 인도의 윤리성은 목츠에 방향 지워져 있다.

2) 전통적 견해

일부 견해에 의하면, 우파니샤드에서는 적극적 윤리성이 발전하지 않았고, 그들은 오로지 개인의 구원에 몰두하고 있다고 한다.[141] 그러나 이것은 우파니샤드의 표면만을 보는 견해이다. 윤리성은 두 가지 영역을 가진다. '무엇을 해야 하고, 무엇이 옳은가'가 그것이다. 우파니샤드는 분명한 목적과 목적에 대한 명확한 의무를 가지고 있다. '하나'에 대한 깨달음이 인간의 이상이다.[142] 우파니샤드의 윤리적 양식은 하나됨이다. 하나됨으로 이끄는 무엇이나 그것은 윤리적 행위이다. 실제로 우파니샤드보다 더 명확하고 깊은 차원에서의 도덕적 양식을 보여주는 문헌은 없다. 아쉬람 āśrama 전통이 이미 우파니샤드시대에 형성되었다. 이것은 사회구조적 윤리성이 인도 사회에 폭넓게 뿌리 내리고 있음을 보여준다.

바가바드기타는 "옳은 행위란 신과 인간과 자연의 진정한 합일을 이루는 행위이고, 잘못된 행위란 실재성을 도출하지 못하는 행위이다. 우주의 합일이 기본적 원칙이다."[143]라고 한다. 기타는 집착하지 않고 담담함을 개발하도록 요구하고, 선과 악의 개념을 던져버림으로써 이원성에서 자유로워지기를 당부한다(II.50, V.3). 기타는 인간의 나약성과 조건을 잘 이해하고 있으며, 다양한 사람들에게 다양한 방법을 제시하고 있다.

빤데(G.C. Pande)*는 힌두 문화를 두 개의 윤리관으로 분류하고 있다. 쁘라위리띠 락찬pravṛtti-lakṣaṇa과 니위리띠 락찬nivṛtti-lakṣaṇa이 그것이다.[144] 전자는 활동-함축 혹은 세상-긍정이며, 후자는 철회-함축 혹은 세상-부정이다. 이 두 가지 윤리관은 인도의 도덕성을 이해하는 데 도움이 된다.

기본적 아리안Aryan의 세계관은 개인과 사회가 유기적 관계임을 주장한다.[145] 베다*의 제의祭儀는 극단적 외향성을 가졌고(B.C. 1000), 윤리적 의무와 제의에 대한 의무를 동일시했다.[146] 그들은 철저히 세속적이었다. 베다의 일원론一元論은 이러한 제의주의(ritualism)에 대한 의식적 반발로 인해 등장했다(B.C. 1000~500).[147] 일원론은 내적 영혼의 가치를 강조했고, 세계 부정적 경향을 띠기 시작했다. 본격적인 세계 부정의 경향은 불교와 자이니즘(B.C. 660)*에서 등장한다. 상키아는 세상을 전적인 고통으로 여겼고, 개인의 해방을 위한 모든 사회 윤리적 의무들을 거부한다.[148] 이들 두 윤리관 사이의 긴장과 균형은 후대 힌두 전통에서 계속되었으나, 그 균형점은 학파에 따라 달랐다. 현대에 와선 비베카난다Vivekananda*가 서구의 이성주의理性主義 맥락에서 조화를 보여준다.

3) 윤리의 구조

철학적으로 윤리는 '무엇을 해야 하는가?'와 그 파생적 질문인 '무엇이 옳은가?'에 대한 대답이다. 첫째 질문 '무엇을 해야 하는가?'는 윤리의 기본적 성격, 즉 목적지향성과 관련이 있고, 이것은 윤리의 본질적 가치를 가리킨다. 이것은 윤리적 구조에서 수직의 축을 형성한다. 둘째 질문 '무엇이 옳은가?'는 윤리의 보조적 기능, 즉 판단지향성과 관련이 있고, 이것은 윤리의 상대적 가치를 가리킨다. 이것은 윤리적 구조에서 수평의 축을 형성한다.

수직의 축은 한 인간의 존재 상태에 관심이 있고, 그 존재가 목적으로부터 얼마나 떨어져 있느냐를 평가한다. 중요한 요지는 '그 목적과의 질적 거리'이다. 그래서 수직적 축은 세계 긍정보다는 세계 부정에 더 민감하다. 이것은 자기중심적 경향성을 보이며, 윤리가 나아갈 방향, 즉 윤리의 목적을 형성한다.

한편 수평적 축은 한 인간과 환경과의 관계에 관심이 있고, 그들의 관계가 서로 얼마나 유용한가를 평가한다. 예를 들면, 비폭력은 환경을 공격하지 않음으로써 그가 환경에 비교적 유용함을 의미한다. 진실은 환경에 정확하고 실제적인 정보를 제공함으로써 그가 유용하다. 사랑, 자선, 도둑질 등이 모두 같은 구조를 가지고 있다. 중요한 요지는 '그들의 관계가 어떠한가?'이다. 그래서 수평적 축은 세상 긍정에 더 민감하며, 관계 중심적 경향성을 보인다. 이것은 윤리의 기능을 형성한다.

윤리의 구조에 대한 다른 접근은 상까르에 의해서이고, 이것은 윤리의 사회와의 외적 상관성을 보여주는데, 윤리의 의의와 유효성을 다루며, 인간 삶 안에서 차지하는 윤리의 위치를 지적한다. 상까르는 윤리와 관련해 두 차원을 제시한다. 윤리의 영역과 초超윤리의 영역이다. 그에 의하면, '경험적 수준에서 개인과 윤리는 실제이며, 유효하고, 절대적으로 필요하다. 한 인간이 브라흐만과의 동일성을 얻을 때까지 윤리적 행위를 위한 동기는 유효하다. 어느 누구도 윤리가 단지 조작된 허구라고 치부함으로써 사악한 행위의 결과로부터 벗어날 수는 없다.'[149]고 한다. 그는 현상의 차원과 실재의 차원을 구분한다. 전자는 경험적, 이원적 세계라서, 주어진 조건에서 일시적 유효성을 위해 판단, 옳고 그름, 선과 악을 필요로 한다. 왜냐하면 도달해야 할 기대치나 목표가 있기 때문이다. 후자는 판단을 허용하지 않는데, 목표가 이미 사라졌기 때문이다. 라다크리쉬난은 "윤리는 인간이 자신이 가진 지고의 본성을 깨닫기 위해 분투하는 불완전한 세상에서만 의미를 가진다."[150]고 한다.

상까르는 윤리를 궁극적 가치로 인정하지 않는다. '윤리적 세상은 보이는 세상에 속한다. 윤리의 목적은 자신의 개체성을 넘어 우주의 비개체성과 하나가 되는 것이다. 윤리적으로 선함이란 그 무한성을 깨닫는 데 도움이 되는 것이며, 윤리적으로 악함이란 그 반대를 가리킨다.'[151] 상까르의 윤리에 대한 구조는 윤리가 근본적으로 목표 지향적임을 강조한다. 라다크리쉬난은 "윤리적 행위는 그 자체가 목적이 아니며, 이것은 보다 고양된 삶을 위한 디딤돌이다."[152]라고 한다.

4) 요가의 윤리

요가 윤리의 바탕은 '모든 것은 실재성 속에서 하나이다.'라는 것이다. 라다크리쉬난은 "나와 나의 이웃이 우리의 가장 내밀한 영역에서는 하나다."[153]라고 한다. 요가의 윤리는 수직과 수평의 윤리구조 속에서 분명히 드러난다.

요가는 하나됨을 목적으로 한다. 비록 하나됨에 대한 견해가 모든 전통 속에서 서로 일치하지 않으나, 그것은 중요하지 않다. 중요한 요지는 하나의 개체성이, 혹은 하나의 부분이 스스로의 확장을 통해 전체성을 추구한다는 것이다. 하나됨에 대한 견해들을 무

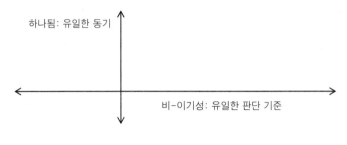

도표 14. 요가의 윤리 구조

시하는 것은 대부분의 견해들이 단지 사고의 추론에 의한 결론들이기 때문이다. 견해들은 실제적인 삶과 진정 하나됨을 통해 검증되어야 한다. 요가는 머릿속의 추론이 아닌 삶이다. 하나됨은 개념이 아니라, 매 순간 다시 검증되고 끊임없이 실현되어야 할 즉시성卽時性이다. 하나됨은 존재하는 어떤 것이 아니라, 존재의 방식이다. 하나됨은 윤리 구조 안에서 수직축을 형성하는 유일한 동기이다.

요가는 하나의 기능적 기준을 가지는데, 비非이기성이 그것이다. 이것은 모든 상황에서 가치를 판단한다. 이기성은 구심적 힘이고, 부분을 지향하고, 자기 확장을 방해하며, 전체성에 반反하기 때문이다. 이기성은 하나됨과 대립한다. 아베다난다Abhedananda*는 "윤리적 완성은 이기성이나 자기중심적 개념을 파괴하는 데서 이루어진다."[154]고 한다. 비이기성이 요가 윤리의 유일한 판단 기준이다.

비이기성은 기능적 도구이고, 근본적으로 하나됨에서 유래한다. 잇샤(Īsa.6) 우파니샤드는 "자신 안에서 모든 존재를 보고, 모든 존재 속에서 자신을 보는 자, 그런 자는 견해들에 휘둘리지 않는다." 라고 한다. 베단타는 말하길, "다른 이들을 다치게 해서는 안 된다. 그들은 당신과 다르지 않기 때문이다. 훔쳐서는 안 된다. 그것은 당신 자신의 것을 강탈하는 것이기 때문이다. 다른 이에게 손해를 끼쳐서는 안 된다. 그것은 당신의 손실이 될 것이다. 몸과 마음과 영혼 속에서 당신은 다른 이들과 연결되어 있다."[155] "윤리의 전체 근본은 하나됨이다. 사랑은 하나됨의 다른 표현이다."[156]라고 한다.

요가의 윤리에 대한 견해는 서양의 것과 조금 다르다. 비베카난 다는 "베단타는 죄를 인지하지 않고, 단지 잘못을 인지한다."[157]라고 한다. 요가는 죄인을 인지하지 않는다. 요가는 비도덕적 인간에 대해 그가 잠시 균형을 잃었고, 건강하지 않다고 이해한다. 조금 더 정확한 표현으론, 균형을 잃은 경향성이 그 시간과 공간에 맺혀 있다가 잠시 후 그 시간과 공간이 해체되면 그 불균형도 변화한다. 모든 인간은 아직 하나됨의 과정 안에 있다. 비록 그가 길을 잃고 있지만, 그것도 과정이다. 그의 도덕적 수준이 얼마나 높든 낮든 그것은 이차적 문제이다. 모든 인간은 그가 하나됨을 얻기까지는 같은 차원에 있기 때문이다.

이것은 책임성을 배제하는 것이 아니다. 단지 한 인간을 하나의 지점에 묶어두지 않는 것이다. 인간 스스로 한 지점에 자신을 가

두어서는 안 된다. 요가적 인간의 특성은 스스로 확장함에 있다. 지속적인 변화는 인간에게 불확실성을 제공하지만, 한편 이것은 인간이 성장하는 유일한 수단이다. 자신의 삶을 불안에 방점을 찍을 것인지, 성장에 찍을 것인지는 자신의 선택이다. 요가 수련자는, 어느 누구도 어떤 순간에 균형을 잃을 수 있다고 이해한다. 요가 수련자는 인간의 전체적 전망에 늘 깨어 있어야 한다.

3. 고통

1) 원인과 관련 개념

고통은 인간 일상의 기본 조건이다. 그럼에도 불구하고 고통의 개념은 불교, 자이니즘, 상키아의 영향이 있기 전까지 인도 전통 안에서 종교적, 철학적 문제로 대두되지 않았다.[158] 초기 베다시대 이후에야 고통은 인도 전통에서 광범위하게 인식되었다.

고통은 인간에게 있어 매우 복잡한 현상이다. 띨락(B.G. Tilak)* 은 "행위 자체는 불행의 뿌리가 아니다. 결과에 대한 희망과 과다한 욕구와 집착이 불행을 낳는다."[159]고 한다. 이 현상을 이해하기 위해선 몇 가지 개념이 동시에 고려되어야 한다. 그것은 이원성, 모호함, 집착, 그리고 욕망이다.

첫째, 이원성이 고통을 야기한다. 대립되는 생각들은 싸움으로 치닫는다. 우파니샤드에 의하면, '싸움은 존재의 법칙이다.[160] 기뺌은 두 비참함 사이의 한순간이고, 불행은 두 기쁨 사이의 한순간이다.'[161]라고 한다. 기쁨은 다음 순간의 고통을 암시하고 있다. 변화하는 상황의 과정은 경험적 차원의 속성이다. 이원성은 하나됨의 결핍이고, 고통은 하나됨 밖에 있다.

둘째, 선택에 있어서의 모호함이다. 선택은 마음의 주된 기능이다. 선택은 마음의 상호 반대 경향인 매혹(끌어당김)과 혐오(밀침)에 바탕 한다. 마음은 항상 여럿 중에 하나를 선택하도록 강요받는다. 문제는 좋아함과 싫어함의 기준이 모호하다는 것이다. 이 모호함이 고통을 야기한다. 기쁨과 고통은 같은 상황 속에서 주관적 판단에 따라 서로 바뀔 수 있다. 스와미 람Swami Rama*은 말하길, "인간은 그의 내적 강인함, 인내, 삶에 있어서의 목적에 따라 고통과 즐거움을 느낀다. 한 인간의 고통과 기쁨에 대한 경험은 그에게 무엇이 의미 있는가에 달렸다."[162]고 한다. 모호함은 끊임없는 변덕에서 일어난다. 이것은 세상의 모든 판단이 상대적 가치 안에 있기 때문이다. 모호함은 상대성의 또 다른 표현이다.

셋째, 집착은 좋아함을 넘은, 대상에 대한 동일시이다. 이것은 단순한 선택이 아닌 소유이다. '나의 것'이라는 개념을 만든다. 경계를 만들고, 전체로부터 자기 자신을 분리하는 강력한 울타리를 세운다. 이것은 자기중심적 힘의 원천이고, 변화에 대한 거부이다. 문제는 이곳에서 발생한다. 현상세계의 모든 것은 변화하고 있기 때문이다. 인간은 상실감을 느끼고, 절망에 빠진다. 집착은 또한 모든 세상적 비참함으로부터 벗어날 수 있는 유일한 탈출구인 확장의 상실을 의미한다. 이것은 하나됨으로부터 인간을 밀어낸다. 고통의 바탕엔 이원성이 있고, 모호함이 마음을 들끓게 하여 균형을 빼앗으며, 집착이 인간을 상실감에 빠뜨린다.

넷째, 욕망은 일반적으로 동서양 모두 인간에게 고통의 주된 원인으로 여겨진다. 물론 어떤 측면에서는 그럴 수도 있다. 그러나 욕망은 자체에 다른 요소를 가진다. 이것은 상이한 두 얼굴을 가지며, 그 견해는 아래에서 논의될 것이다.

2) 고통에 있어서의 욕망

리그베다(10.129.4)는 말하길, "처음에 욕망이 문득 일어났고, 그것은 마음의 첫 씨앗이었다."[163]라 하고, 따엣띠레아Taittirīya 우파니샤드(II.6.1)는 "그는(궁극의 영혼) 욕망했고, 나를 여럿이 되게 허용했다. 실재로서 그는 여기 있는 모든 것이 되었다."라고 말한다. 멕에빌리(Thomas McEvilley)*는 욕망을 인간의 삶에서 현상의 바퀴를 더 회전시켜 나아가도록 영혼을 몰아가는 장치로 이해한다.[164] 라다크리쉬난은 욕망을 존재의 씨앗으로 설명한다.[165] 이들은 모두 욕망을 인간 안에 원천적으로 내재된 것으로, 그래서 제거할 수 없으며 오히려 인간의 삶을 이끌어가는 힘으로 이해한다.

근본적으로 욕망은 움직임이며 힘이다. 세상의 모든 종교가 욕망을 제거하려 했으나, 별 성과를 거두지 못한 듯하다. 인간 역사에서 욕망으로부터 자유로웠던 성자는 아무도 없었다. 욕망을 극복하려는 모든 노력은 기쁨이 뭔가 잘못된 것이며, 인간의 고귀함을 해친다고 여기는 잘못된 오해에 근거하고 있다. 이런 종류의 생각은 인간을 궁지에 몰아넣는다. 왜냐하면 모든 살아 있는 존재는 선천적으로 욕망을 가지기 때문이다. 욕망은 생명체의 기본 조건이고, 생명 현상의 근본 특성이다.

문제는 욕망 자체가 아니다. 욕망은 중립적이다. 이것은 생명의 영역에 일어나는 현상이며 활동이다. 욕망이 문제시 되는 것은 이것의 만족할 줄 모르는 특성 때문이다. 살아 있는 존재는 이 성격을 조절할 필요가 있다. 실제로 욕망의 문제는 '욕망을 하느냐 않느냐'의 선택에 관한 문제가 아니라, 관리에 대한 과제이다. 욕망으로부터의 고통은 그것에 대한 관리 실패에서 온다.

욕망은 두 개의 반대되는 방향성을 가지고 있다. 부분적이고 이기적인 방향과, 전체적이고 비이기적인 방향이 그것이다. 바가바

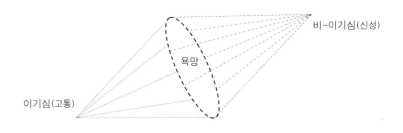

도표 15. 욕망의 중립성

드기타(VII.11)는 신성한 욕망에 대한 가능성을 열어 놓고 있다. 중립적인 욕망은 다른 결과를 낳을 수 있는 것이다. 만일 그것이 이기적인 방향을 향하면 고통을 야기하고, 반면 비이기적이면 신성神性에 이른다. 라다크리쉬난은 "욕망은 우리를 거룩하게 만들거나, 치욕으로 몰아넣는다."[166]고 한다. 욕망은 근본적으로 피할 수 없는 것이다. 행위 자체가 욕망이다. 욕망은 본성이며, 다만 조절되어야 한다. 두려워하거나 부끄러워할 이유가 없고, 달아날 일은 더욱 아니다.

3) 의미와 역할

고통은 피하고 싶은 어떤 것임은 분명하다. 그러나 경전과 성인들은 고통은 유용하며, 어떤 이유와 의미가 있다고 한다. 우파니샤드에 의하면, 고통은 세상이 불완전함을 우리에게 알리는 신의 사자使者이다.[167] 이러한 관점은 고통이 인간에게 하나의 교육으로 다가옴을 암시한다. 세상은 하나됨으로 자신을 확장하는 성숙함을 위한 학교이다.

　라다크리쉬난은 고통에 대한 바가바드기타의 견해를 해석하기를, '인간의 투쟁, 좌절 그리고 자책에 대한 느낌은 도덕적 잘못으로 격하되어서는 안 된다.'[168]라고 한다. 만일 이것이 잘못이 아니라면, 분명 의미와 역할이 있어야만 한다. 바가바드기타의 고통에 대한 의미는 영혼의 어둠은 영적 삶으로 향하는 본질적 과정이라는 것이다.[169] 바가바드기타(II.69)는 말하길, "모든 존재에 있어 밤이라는 것은 훈련된 영혼을 향한 일깨움의 시간이다."라고 한다. 영적인 밤에 대한 개념은 동서양에 모두 공통된 것이다. 십자가의 성요한(St. John of the Cross)*은 영혼의 깊은 밤에 대해 언급했다. 성숙은 하나의 과정, 그것도 끝없는 밤과 깊은 상실로 여겨지는 아주 힘든 과정을 동반한다. 단순히 그것은 고통이 분명하다.

고통은 두 얼굴을 가졌다. 만일 주의하지 않으면 고통은 단지 고통일 뿐이다. 반면 정신을 차린다면 고통은 다른 차원을 우리에게 보여준다. 고통은 이유와 의미를 가지고 있으며, 우리에게 무엇인가를 얘기하고 있다. 고통 속에 있을 때 우리는 깨어 있어야 한다. 고통은 이원성과 모호함과 동일시와 이기심에서 온다. 모든 원인적 요소들이 섞여 있고, 이것이 참기 힘든 압력을 가한다. 인간은 두 가지 가능성에 열려 있다. 요가적 태도는 성숙의 기회를 제공한다.

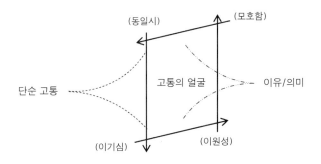

도표 16. 고통의 두 얼굴

4. 마야Māyā

1) 베다Veda로부터의 기원

마야는 리그베다(X.54.2)에서 일반적으로 '세상을 유지하는 힘'으로 사용되었고,[170] 환영을 의미하기도 했다.[171] 환영으로서의 마야는 쁘라스너Praśna 우파니샤드(I.16)와 쉬윗따쉬와뜨르Śvetāśvatra 우파니샤드(IV.9.10)에 나타난다. 브리하드-아라니얏끄Bṛhad-āraṇyaka 우파니샤드(II.5.19)에서는 인격적 신이 마야의 힘을 가지고 있다.

베단따의 마야는 위의 두 가지 개념을 가지며, 전적으로 의존적원리이다. 비록 마야가 실제화 시키는 힘으로써 현상세계를 만들고 있지만,[172] 스스로 작용하는 힘은 아니다.[173] 브라흐만 홀로 유일한 실재성이며, 이것과 관련 없이 아무것도 존재할 수 없기 때문이다.[174]

라다크리쉬난에 의하면, 바가바드기타의 마야 개념은 스스로되어가는 힘이지만 '시작이 없는, 비실재적인, 환영을 일으키는 무지' 등의 분명한 철학적 사고를 제공하지 않는다.[175] 마야 개념은초기 우파니샤드시대에 나타났지만, 하나의 학설로 등장하기 위해선 가우디아빠드Gauḍapāda와 상까르를 기다려야 했다.

2) 마야 이론

가우디아빠드Gauḍapāda*는 마야 용어를 엄격한 맥락에서 사용하지는 않았다.[176] 그는 브라흐만과 세상의 관계를 설명할 필요가 있었던 것으로 보인다. 그럼에도 불구하고, 그는 마야를 설명이 불가능한 것으로, 신성(神性, Īśvara)의 힘으로 꿈처럼 나타나는 세상의 특성으로 이해한다.[177] 그에게 있어 세상은 설명할 수 없는 것이었고, 세상을 포함하며 세상을 초월해 있는 어떤 것이었다. 더구나 세상은 단순한 꿈이 아니었다.[178]

상까르의 마야는 마야와 브라흐만이 다르지 않다는 것에서 시작한다.[179] 이 두 차원은 하나여야만 했다. 상까르는 가우디아빠드의 견해를 전적으로 받아들이지는 않았지만, 그의 마야에 대한 이중차원의 개념은 가우디아빠드와 불교에서 왔다.[180] 그의 이중차원(bi-dimension)은 현상을 허용하면서 현상을 벗어나고 있는, 설명하기 어려운 역설이다. 그에게 '경험의 세계는 있는 것도 아니고, 없는 것도 아니다.'[181] 그는 위와르뜨(Vivarta: 나타남)* 개념으로 이중차원을 설명한다. 이중차원과 '나타남'은 상까르-마야 이론의 근간이다.

상까르에겐 '다르지 않음'이라는 철학적 원리가 있다. 마야 이론 또한 이 원칙에서 벗어나지 않는다. 브라흐만은 세상과 동일시되며, 동시에 다른 것이다. 만일 동일하다면 그것은 세상이 브라흐만과 떨어질 수 없기 때문이며, 동일하지 않다면 그것은 세상의 변화에 대한 주체가 아니기 때문이다.[182] 상까르는 "세상은 발생하거나 만들어지지 않고, 제한된 시각에 의해 그런 것처럼 보일 뿐이다."[183]라고 한다. 이 두 차원에 대한 연결이 위와르뜨(나타남) 이론이다. '세상은 나타남이고 상대적 실재성이다. 세상 현상과 상대성은 우리가 진정으로 있는 그것을 깨달을 때까지 계속된다. 세상은 절대적 실재성과 구별되는 자신 고유의 실재성을 가지고 있다.'[184]

3) 존재와 실재

존재(Existence)와 실재(reality)는 다르다. 현상학에 따르면, 존재는 의식(마음)에 의해 조건 지워지는 나타남이나 현상이다. 조건 지워짐이 경험의 차원에 들어올 때 존재가 발생한다. 조건 지워짐은 이름과 형태(nāma-rūpa)를 통한 부분화部分化이다. 이것은 상대적이고, 일시적이며, 단지 나타났다가 사라진다. 실재는 조건을 허용하는 하나의 장場을 제공하는 배경이다. 이것은 스스로 충만하며, 실체를 가진다. 실재는 반드시 경험의 차원에 들어와야 할 필요성은 없다.

존재는 어떤 것이 실체를 가지든 그렇지 않든 상관하지 않는다. 그것이 실재일 수도 있고, 아닐 수도 있다. 요점은 '존재는 의식(마음)에 나타난다.'는 것이다. 그래서 마야가 존재한다. 라다크리쉬난에 의하면, 마야는 본질적으로 나타남이지 실체가 아니다.[185] 마

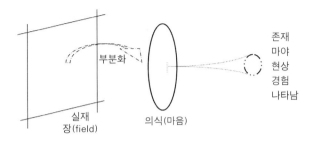

도표 17. 실재와 존재의 차이

야는 존재에 조건 지워져 있다. 마야가 비非실재라고 불릴 때, 이것이 비존재를 의미하는 것은 아니다. 마야는 실체를 가지지 않는 비실재이나, 여전히 존재한다. 존재는 의식 위에 자리 잡는다.

4) 이중기능

상까르가 일원론을 위한 이중차원에 집중할 동안, 마야의 이중기능의 개념이 자리 잡았다. 이중기능은 베다시대에 있었던 마야의 '힘'과 '환영'이라는 개념들에서 발전했다. 마야는 '비非실재의 투사'와 '실재의 숨김'이라는 두 기능을 가지는 것으로 여겨진다.[186]

첫째, 마야는 현상과 세상을 투사한다. 에너지로서의 마야는 잠재성을 현실세계로 변화시킨다.[187] 마야는 세상을 구성하며, 전개된 상태에서 이름-형태(nāma-rūpa)들과 동일시된다.[188] 투사는 이름과 형태를 통한 분화分化이다. 투사는 현상들이 경험되도록 허용한다. 상까르에 의하면, '마야는 경험적 개인이 거기에 존재하고, 우주가 인식되는 한 확실히 경험된다.'[189]고 한다.

둘째, 마야는 실재, 곧 배경을 숨긴다. 현상 혹은 나타남인 마야는 조건들로 배경을 덮는다. 숨김은 무지(無智, avidyā)로 인해서이다. 무지는 현상이나 나타남을 실재(배경)로 동일시한다. 배경은 나타남(마야) 뒤에 숨어 있다.

투사와 숨김의 두 기능은 존재와 실재를 동시에 허용하는 위와르뜨(나타남)이론을 설명하고 있다. 마야는 인간 인식의 감각적 양식을 위한 '실재의 조건화'이다. 마야는 실재성에 도달하는 매개이다. 인간은 마야 안에서 마야를 초월한다.

5. 자유의지

자유의지는 철학의 역사에서 아주 논쟁적인 주제이다. 이유는 아무도 이 문제를 논리적으로 증명할 수 없고, 실제로 이 주제는 논리의 차원을 넘어서 있기 때문이다. 근본적으로 이 문제는 자기동일성의 개념에 바탕 하고 있다. 자기동일성을 느끼지 않는 존재는 자유의지를 필요로 하지 않기 때문이다. 자유의지는 개체성의 개념이 현상의 세계에 허용되는 동안만 가능한 상대적 개념이다.

1) 문헌에 의한 기원

찬도기아Chāndogya 우파니샤드(VIII.1.6)는, "신성과 그것의 진정한 의도를 몰라 이 세상으로부터 이탈하려는 자는 구속의 삶을 살지만, 신성과 그것의 진정한 의도를 알고 난 뒤, 이 세상으로부터 벗어나는 자는 자유의 삶을 산다."라고 한다. 이것은 자유가 인간에게 당연하거나 자연스러운 것이 아님을 지적하고 있다. 자유는 어떤 조건들을 필요로 한다. 만일 누가 방심한다면 그는 자유를 놓칠 것이다.

도이센(P. Deussen)*은 우파니샤드의 관점이 욕망(慾望, kāma)과 식별(識別, kratu)과 카르마로 인해 아주 완고한 결정론이라고 한다.[190] 그러나 인간이 카르마에 의해 제한적이기는 하지만, 그것은 단지 하나의 조건에 불과하다. 카르마는 과거와 현재를 결정하지만, 또 다른 현재와 미래의 차원은 인간에게 열려 있다.

일반적으로 인도 문헌은, 의지는 완전한 자유의 요소, 즉 인간이 자신의 축적된 자발적 경향성에 대항하도록 하는 충분한 힘을 가지고 있다고 한다.[191] 우파니샤드는 자유의지를 허용하는데, 이것은 자유의지가 카르마와 윤리와 모든 영적 열망의 출발점이기 때문이다.

바가바드기타는 개인의 선택의 자유와 그것을 실행하는 방식을 강조하고 있으며, 카르마는 조건이지 운명이 아니라고 한다.[192] 바가바드기타(Ⅲ.36)는 질문하길, "그의 의지를 거슬러가며 도대체 무엇이 그로 하여금 악행을 하도록 강요하고 있나?"라고 한다. 이 질문은 인간이 자기 의지를 따를 수도, 거부할 수도 있음을 의미한다. 바가바드기타 안에서 아르준의 진퇴양난은 선택에 대한 전형적인 상황이다. 바가바드기타는 조건과 자유의지의 협력을 받아들인다.

앞에서 살펴본 것처럼, 요가 와시쉬트Yoga Vasiṣtha는 조건 혹은 운명을 일종의 의지, 즉 축적된 의지라고 본다. 미래는 축적된 의지와 현재의 의지에 의해 결정된다. 인간 현상은 자신의 의지에 의존하며, 하나의 가능성을 가지면서 또한 자신의 카르마에 책임이 있다.

요가 수뜨라는 자유의지의 문제를 직접적으로 언급하지 않지만, 기본적으로 자유의지를 인정하고 있다. 마음은 초월을 향한 가능성을 가지고 있다. 요가 수뜨라의 모든 훈련과 명상은 자유의지가 없이는 무의미하다.

요가 문헌은 자유의지와 카르마의 구속을 동시에 받아들인다. 카르마는 인간의 행위를 강제하기엔 충분하지 않다. 이것은 단지 관계의 법칙이지 확정이 아니기 때문이다. 비록 인간의 행위가 시간과 방향성에 묶여 있다고 하지만, 인간은 자신의 경향성을 거슬러 움직일 자유를 가지고 있다. 문헌은 또한 우리에게 깨어 있기를 당부한다. 그렇지 않으면 우리는 길을 잃고 경향성의 희생자가 될 것이라 경고한다.

2) 현대의 견해들

물리학자 번스(Jean E. Burns)*는 의지意志를 의식의 한 측면으로 이해하고, '정신적 의도에 부합하며 물리적 변화를 일으키는 물리적 사건에 대한 영향'[193]으로 정의한다. 천체물리학자 우스(Undo Uus)*는 의지가 '여러 개의 가능성 중 하나의 현실성을 선택하는 능력'이라고 한다.[194] 띨락(B.G. Tilak)은 '세상은 단순한 기계적 체계 이상의 것이고, 카르마로부터 자유로운 무엇을 가지고 있다.'고 한다.[195] 라다크리쉬난에 의하면, '우리의 삶은 필연성과 자유, 기회와 선택의 혼합이다. 우리가 기회를 적절히 사용함에 따라, 우리는 모든 요소들을 확고히 조절할 수 있고, 자연의 결정적 요소들을 제거할 수 있다.'라고 한다.[196] 그는 구속과 자유의 협력을 허용하고, 인간의 노력과 의지를 강조한다. 인간은 자신의 현상을 결정할 수 있고, 또한 책임을 가진다.

비트겐쉬타인(Ludwig Wittgenstein)*은 자유와 필연성의 문제를 설명하기 위해 '게임'의 비유를 사용한다. '만일 인간이 어떤 게임을 하고 있다면, 거기엔 따라야 할 어떤 규칙이 있다. 그러나 이것은 그가 어떤 특정한 움직임을 따라야 한다는 것을 의미하지는 않는다.'[197] 비트겐쉬타인 또한 자유와 필연성을 받아들이며, 더 나아가 게임이라는 비유를 사용하면서 또 다른 차원을 암시하고 있다. 만일 세상이 하나의 게임이라면, 게임 밖의 무엇인가가 있다.

사르트르는, "만일 자유가 하나의 상황 안에 존재한다면, 이것은 나의 자유가 조건의 맥락 밖에서 스스로 작동하고 있다는 것을 의미한다."[198]라고 한다. 그는 의식을 자유로운 것으로 여기는데, "이것은 의식이 스스로 있는 자와는 달리 충만하지 않기 때문이다. 만일 의식이 충만한 것이라면, 이것은 선택의 필요성을 가지지 않는다."[199]라고 한다. 선택이 없다면 총체적 필연이다. 그래서 '자유로운' 것이 아니다. 그는 자유는 인간의 불충만성에서 온다고 강조한다. 불충만한 존재가 충만을 갈구한다. 이것은 방향성을 가지는 하나의 과정이고, 이 방향성은 필연성에 의존하지 않는다. 만일 이 방향성이 필연성에 의존한다면, 모든 불충만한 존재들이 충만함에 이르러야 하고, 그들은 충만해야 하기 때문이다. 그러나 세상에 있는 존재들은 그렇게 보이지 않는다. 이 방향성은 선택에 의존하고, 이것은 자유를 의미한다. 이 자유는 무엇으로부터의 자유가 아니며, 무엇을 향한 자유이다. 왜냐하면 이 방향성은 충만함을 향하고 있기 때문이다. 사르트르는 자유를 통해 충만함을 추구한다.

3) 두 방향 – 경향성과 의지

자유의지는 의식의 문제이다. 마음은 의지와 함께 자신의 경향성을 가진다. 인간은 경향성과 의지로써 모든 행위의 순간에 자신의 현상을 결정한다. 이들은 인간 현상을 결정하는 두 축이다.

경향성은 단순히 행위의 습관이나 기호嗜好를 의미하지 않는다.

이것은 인간을 시간과 공간 안에 존재케 하는 모든 조건과 환경을 포함한다. 과거의 경향성이 현재의 조건과 환경을 만들기 때문이다. 경향성은 자신의 고유한 방향성과 속도로 흐른다. 이 장치는 자동이며, 그 흔적을 분석함으로써 예측 가능하다. 그러나 이 장치의 흐름은 지속적이지 못하다. 의지에 의해 변수가 이 흐름에 나타난다.

비록 경향성과 의지가 방향성을 가지지만, 그들 사이엔 차이점이 있다. 경향성의 방향성은 무의식이나 잠재의식의 지배를 받으며, 있는 그대로 그저 흘러간다. 반면 의지의 방향성은 의식의 지배를 받는다. 목적지에 대한 뚜렷한 인식이 있다. 그래서 의지는 의식의 문제이다.

모든 요가 전통들이 의지력에 대해 언급한다. 해방解放, 목츠Mokṣa, 묵띠Mukti*, 사마디Samādhi를 위해선 강한 의지력이 필요한데, 경향성에 의해 지배되는 흐름은 매우 거세기 때문이다. 모든 요가 수련자들은 선택적 상황에 직면하고 있다. 그는 자신의

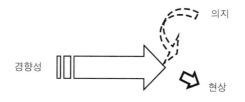

도표 18. 현상의 방향

상황을 결정해야만 한다. 의지를 사용한다는 것은 의식적이라는 것을 의미한다. 이것은 경향성에 밀려가는 것이 아니라, 경향성을 조절하는 것이다. 요가 훈련은 무의식적이거나 잠재의식적인 경향성에 의식적으로 의지를 방향 지우는 것이다.

6. 목표

앞에서 인간의 주된 현상들이 다섯 개의 주제를 통해 논의되었다. 인간 현상은 하나의 움직임이며, 의도를 가지고 있다. 이 의도는 의식으로 인해서인데, 현상학의 지향성에 의하면 '의식은 항상 무엇에 대한 의식'이기 때문이다. 이것은 대상을 향한 방향성이 의식의 고유성임을 의미한다. 그래서 인간 현상은 끊임없이 어딘지를 향해 가고 있다. 인도 전통에 의하면 이 움직임에는 목적지가 있다. 이것은 목츠Mokṣa이며, 삶의 지고한 목표이다. 이 장의 마지막 주제를 논의하기 전에, 앞서 언급한 인간 현상들을 여행이라는 비유를 통해 종합적으로 설명한다.

이제, 인간 현상은 '지고한 목표'라는 과제를 가지고 여행을 떠난다. 이 여행을 위해 그는 카르마와 의지라는 조건을 가지고 있다. 카르마는 축적된 조건이고, 이것은 인간 현상을 제약하지만, 또한 가능성도 제공한다. 인간 현상의 다양성은 카르마에 기인한다. 인간 현상은 의지로써 그의 카르마를 조율한다. 출발에 앞서 하나의 경고가 주어진다. 만일 그가 부주의하면, 그는 길을 잃고 카르마의 홍수에 휩쓸릴 것이다. 그 이유는 주의하지 않으면, 의지가 작동하지 않을 것이기 때문이다. 그리고 여행의 목적지에서 멀어진다. 지금, 그는 모험을 감당할 준비가 되었다.

여행을 시작하며, 그는 환경으로서 다가오는 다른 카르마들과 많은 관계를 맺는다. 모험의 현장은 행위와 판단과 선택으로 가득 차 있다. 이 모든 사건은 윤리와 관계된다. 그 이유는 윤리는 두 가지 범주를 가지면서 인간의 모든 행위에 관여하기 때문이다. 두 범주는 첫째, '무엇을 해야 하느냐?'의 질문이다. 이것은 윤리의 수직 축을 형성한다. 둘째, '무엇이 옳은가?'의 질문이다. 이것은 윤리의 수평 축이다. 수직 축의 기준은 하나됨이다. 이것은 여행자가 그의 목적지에서 얼마만큼 떨어져 있는가를 평가한다. 이것은 윤리성의 유일한 동기이며, 윤리의 고유성이다. 수평 축의 기준은 비이기성이다. 이것은 행위의 옳고 그름을 판단하는 기준이고, 윤리의 기능적 측면이다. 그래서 그가 행하는 것은 무엇이든 윤리와 관련이 있다. 윤리는 카르마적 환경의 혼돈 속에서의 행위의 지침이다.

윤리는 수직과 수평의 이중 기준을 가지며, 가치의 개념을 생산한다. 가치란 기준에 대한 적합성의 정도이다. 가치평가는 때로는 여행자의 용기를 북돋고, 때론 실망시키기도 한다. 그는 여행을 즐기지만, 동시에 고통을 겪는다. 그는 아직 부분적이고, 충만하지 않기 때문이다. 그는 여행을 계속하게 하는 가치들에 안도감을 느끼며, 그것은 그에게 목적지를 상기시킨다.

모험은 쉽지 않다. 무수한 고통이 길 위에 펼쳐져 있다. 고통은 그의 카르마에 의해 취하고 버리는 이원성으로부터 온다. 집착은 이것을 최악으로 몰아간다. 집착은 소유이며 변화에 대한 거부이다. 이것은 하나의 고립이며, 여행을 방해한다. 그러나 고통은 자신의 태도에 따라 두 얼굴을 가지고 있다. 고통은 숨겨진 메시지를 가지고 있다. 경계하지 않으면 고통은 단지 고통이다. 깨어 있다면 고통의 이유를 알 수 있다. 이것이 그의 여행을 돕는다. 고통은 가치를 가지며, 이것은 그의 자유에 의존하고 있다. 여행은 기계적 과정이 아니라, 무한대로 열려 있다. 목적지에 도착한다는 것은 필연적이지 않다. 깨어 있는 선택에 의해 드러나는 가능성일 뿐이다. 그래서 여행자는 깨어 있어야만 한다.

인간 현상으로서의 여행은 불가사의이다. 이것의 출발점은 알려져 있지 않고, 목적지도 도착하기까지 모호하다. 그러나 이 여행은 알 수 없는 의도에 의해 이미 시작되었다. 이 의도적 과정은 마야라고 불린다. 마야는 이 여행의 다른 이름이며, 출발과 도착 사이의 모든 현상을 포함한다. 이것은 인간 현상 안에 있는 의도된 방향성이다. 이 방향성이 인간 현상의 고유성이다. 요가 전통은 이 방향성을 자기 초월로 해석한다.

여행의 목표는 목츠Mokṣa이고, 그 과정은 초월이다. 상까르학파에 의하면, '목츠와 동의어인 묵띠Mukti는 주관적 정신이상과 세상으로부터 본질적 자아를 분리하는 것'이다.[200] 바가바드기타(VI.31)는 "하나됨을 성취한 요기(요가수행자)는 '내 안에 모든 존재가 머물고, 나 또한 그들 안에 머무는' 나를 숭배한다. 그러면서 그는 여전히 활동적이다."라고 한다. 이것들에 의하면, 목츠는 어떤 종류의 '의식의 변형'이다. 이것은 육체적 변형이나, 육체가 하늘과 같은 어떤 지점으로 이동하는 것이 아니다. 또한 영매의 정신적 도취는 더더욱 아니다. 이것은 육체적 개체성 안에서 심리적 동일시로부터의 자유로움이다.

인간의 의식은 파생적이고 이차적이며 필연적이지 않은 '개체의 동일시' 없이도 편안해질 수 있다. 개체적 동일시는 일시적이며, 현상이고, 심리적 찌꺼기이다. 모든 요가적 전통은 이 사실을 강조한다. 목츠는 의식의 확장이다. 만일 하나의 개체 의식이 '나'라는 그 동일시의 조각에서 벗어날 수 있다면, 그것은 새로운 차원에 진입하는 것이다. 이것은 확장이며, 배경이고, 전체적 차원이다.

목츠에 있어서 중요한 것 한 가지는, 목츠는 에너지의 문제가 아니라는 것이다. 에너지의 차원은 단지 현상의 차원이다. 현상은 현상일 뿐이다. 마음이 아닌 배경 의식은 에너지가 아니다. 에너지는 끊임없는 변화의 대표적 현상이다. 에너지는 자신의 차원을 결코 벗어날 수 없다. 배경 의식만이 현상의 차원에서 자유로울 수 있다. 목츠는 현상보다 더 확장된 차원이다. 목츠는 의식의 문제이다. 목츠는 현상의 차원에서 비현상의 차원으로의 확장이다. 이것은 두 차원을 모두 포함한다. 이것은 전체성이고 하나이기 때문이다.

비이원적 베단타의 지완묵띠Jīvan-Mukti는 이러한 맥락에서 이해될 수 있다. 지완묵따(Jīvan-Mukta, 지완묵띠를 이룬 자)의 자유는 물질과 에너지와 현상으로부터의 벗어남이 아니다. 지완묵따는 먹고, 자고, 고통 받고, 죽는다. 지완묵따는 세상에서 단지 현상으로 존재한다. 목츠는 충만하지 않은 실체가 충만된 실체로, 혹은 완벽한 실체가 되는 것이 아니다. 인간의 초월은 자기 동일시의 정지이며, 의식의 확장 외에 그 어떤 것이 아니다. 그래서 초월은 차원의 확장이다. 요지는 현상의 차원들을 이해하는 것이다.

제3장

현상의 차원

자기 초월적 현상現象이 인간이고 인간은 다른 무수한 현상들과 관계를 맺는다. 이 관계가 세상이고 인간 삶이다. 그런데 인간은 그리 행복해하지 않는다. 현상들은 일반적으로 서로 대립하고 충돌한다. 현상적 혼돈 속에서 질서를 발견하기는 쉽지 않다. 그럼에도 불구하고 혼돈이론에 의하면, 그 혼돈 속에 어떤 질서와 조화가 있어야 한다.

이 장은 현상들의 성격과 문제들을 논의하고, 혼돈의 현상들 안에서 질서와 조화를 발견하는 '차원적 접근'을 제안하고 있다. 차원次元이란 특정한 관점에 의해 제한된 하나의 장이다. 이것은 자신의 고유한 원리와 경계를 가진다. 기본적으로 세상은 다차원으

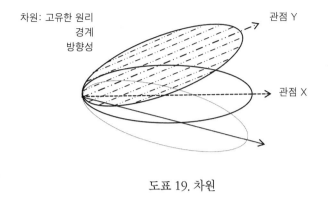

차원: 고유한 원리
경계
방향성

관점 Y

관점 X

도표 19. 차원

로 구성된 집합체이나, 세상엔 이들을 넘은 통합된 차원이 하나
더 있다. 이것은 다차원의 집합체를 관통한다.

요기(요가수행자)의 목표는 다양성 안에서 조화를 얻는 것이다.
그 조화는 찟따(citta: 마음)*에서 찟(cit: 배경의식)*으로의 의식의 확
장에서 온다. 차원적 접근은 확장과 명상의 이유를 설명할 것이다.

1. 현상에 대한 기본 이론

1) 리뜨Ṛta와 나마-루빠Nāma-rūpa

세상은 현상이고, 현상은 변화와 경험이다. 전통적인 서구 사고의
틀 안에서 경험은 일반적으로 실재성으로 여겨졌지만, 인도인의
사고思考 안에서는 비非실재이다. 인도 철학에서 실재성이란 지속
적이며 부분이 없는, 변하지 않음이다. 이것은 철저히 시간과 공

간을 배제한다. 그래서 이 맥락에 의하면 세상, 즉 현상은 비실재이다.

리뜨는 자의적으로 '어떤 것의 진행, 흐름'을 의미한다.[201] 이것은 변화, 곧 비非실재이지만, 또한 세상 움직임의 규칙성을 의미하고 있다.[202] 규칙성은 하나의 원리와 지속성을 가리킨다. 그래서 리뜨는 세상의 다양성을 구현하는 지속적인 원리였다.[203] 세상은 더 이상 혼돈이 아니었고, 리뜨로 인해 조화로운 목적을 가진 작업이었다.[204] 이것은 세상이 현상이고 비非실재이면서, 동시에 현상이 항구성과 연관되어 있다는 것을 암시한다. 리뜨의 개념은 실재와 비실재를 묶어주고 있다. 리그베다의 견해는 현상 안에서 항구성恒久性을 인지했다. 변화는 실재성의 시간적 차원이다. 실재와 비실재 모두는 전체성에 속한다. 그들은 단지 시간의 기준에 의해 나누어지는 다른 차원들일 뿐이다. 리뜨는 인도 전통에서 하나됨에 대한 개념을 제안하고 있다.

브리하드-아라니앗끄 우파니샤드(I.iv.7)에 의하면, 우주는 이름과 형태에 의해 차별화되었다. 라다크리쉬난의 해석에 의하면, 이것은 모든 것의 근본적 본질은 하나의 실재성임을 가리킨다.[205] 이 우파니샤드(IV.iv.19)는 거듭 거듭, 다양성은 마음에서 온다고 한다. 불교에 의하면, '이름은 정신에 답을 주고, 형태는 신체적 요소에 답을 준다. 거친 것은 무엇이든 형태이고, 미세한 것은 무엇이든 이름에 해당한다. 만일 이름이 없으면 형태도 없다.'[206]고 한다.

다양성이 마음에서 온다고 함은, 시간적 기준이 마음에서 온다는 것이다. 변화하는 현상은 마음에 나타나지만, 마음 밖에는 변화하지 않는 것이 여전히 있다. 현상들은 마음 밖의 영역에서는 하나이다. 현상은 단지 마음 안에서 변화하고 있으며, 다양하게 드러나고 있다.

2) 아자뜨 이론(Ajāta-vāda)과 위와르뜨 이론(Vivarta-vāda)

아자뜨* 이론은 비기원非起源의 이론이다.[207] 창조가 없다는 것이다. 이것은 가우디아빠드Gauḍapāda와 관련이 있다. 아자뜨 이론은 나타남을 받아들이지만, 나타남의 정당성은 인정하지 않는다. 이것은 나타나는 우주가 경험되지 않거나, 경험적 행위를 거부하는 것을 의미하지는 않는다. 단지 우주가 창조된 것이 아니고, 궁극적 실체에서 그 정당성을 끌어오는 비실체적 나타남이라는 것이다.[208] 이것은 존재하는 것은 절대적 존재 하나뿐이라는 주장이다.

아자뜨 이론에 의하면, '모든 나타나는 것은 의식 위에 새겨져 있다.'[209]고 한다. '인간이 자신을 하나의 개체성으로 인식하는 한, 우주의 나타남과 그 기능적 타당성은 멈추지 않을 것이다. 개체성 자신이 전체 우주의 한 측면이고 부분이기 때문이다.'[210] 가우디아빠드는 하나의 실체만을 주장한다. 마음이라는 분화적 관점이 나타남을 만든다. 분화라는 기능적 타당성이 마음이라는 기능적 양식 안에서 작동한다. 나타남은 하나의 존재에 대한 마음의 해석이다.

위와르뜨* 이론은 상까르의 견해이다. 앞서 살펴본 것처럼, 위와르뜨 이론은 세상은 단지 나타남이라는 것이다. 상까르는 경험에 대해 하나의 원칙을 가지고 있는데, '시간과 공간과 원인에 의해 한계 지어지는 무엇이든 그것은 실재일 수 없다.'[211]는 것이다. 그는 또 '세상 삶의 구속은 단지 마음의 덧씌움에 의해 만들어진다.'(Vivekacūḍāmaṇi: 181)고 한다. 덧씌움(adhyāsa)의 개념은 비이원적 베단타(Advaita Vedanta)의 기본 전제이다.[212] 상까르는 덧씌움을 '어떤 것을 다른 어떤 것으로 인식하는 것'[213]이라 정의한다. 이것은 나타남이 존재론적 문제가 아닌, 인식론적 문제라는 것이다. 왜냐하면 실재와 비실재라는 두 차원에 대한 분명한 기준을 가지고 있던 상까르에게 나타남은 비실재이고, 다양성에 열려 있는 마음의 해석이기 때문이다. 현상은 존재하지만, 끊임없는 변화이다. 위와르뜨 이론의 요지는 근본적으로 브라흐만과 하나인 현상에 대한 인식론적 접근을 인지하는 것이다.

3) 드리쉬띠스리쉬띠(Dṛṣṭisṛṣṭi-vāda)와 스리쉬띠드리쉬띠 이론 (Sṛṣṭidṛṣṭi-vāda)

비이원적 베단타에는 현상에 대한 다른 견해도 있는데, 이것이 드리쉬띠스리쉬띠 이론이다. 이것은 '주관적 인식이 대상을 만들고, 주관적 인식과 동떨어진 객관적 현상이란 없다.'[214]는 것이다. 드리쉬띠스리쉬띠에도 두 가지 형태가 있다.[215] 하나는 우주의식이라는 관점에서 시작하는데, 사물은 개별화된 의식에서 떨어져 존재할 수 있지만 우주의식으로부터 독립되어 스스로 존재할 수 없다는 것이다.[216] 다른 형태는 개별적 의식이라는 관점에서 시작하는데, 개인의 인식이 이루어질 때 사물이 존재 안으로 들어오고, 개인이 인식하지 않을 때 사물은 존재하지 않는다는 것이다.[217] 아무튼 드리쉬띠스리쉬띠는 독립적 세계를 부정하지만, 그럼에도 사물의 존재 가능성을 열어 놓는다. 이 점에서 이 이론은 위와르뜨 이론과 연결점을 갖는다.

스리쉬띠드리쉬띠 이론은 비이원적 베단타와 대립적 위치에 서 있다. 이것은 이원론적 유신관有神觀을 가지는데, 인격적 신의 창조를 받아들인다.[218] 이 이론에 의하면, '인간은 세상을 보고 경험할 수 있다. 세상이 이미 거기에 있기 때문이다. 세상의 존재는 어느 누구의 바라봄이나 인식에 의존하지 않는다.'[219]는 것이다. 이 이론의 기본 전제는 '존재는 실재'이다. 그래서 세상과 현상은 창조자와 더불어 또 다른 실재인 것이다. 이러한 종류의 견해는 많은 이원론적 유신론에서 발견된다. 그래서 그들의 궁극적 관심은 두 실재의 관계성에 집중되어 있다.

4) 실체(Sat)

베단타 빠리바시아(Vedānta Paribhāṣā: Ⅱ)*에 의하면, 세 종류의 존재가 있다. 절대적, 전통적(경험적, empirical), 그리고 환영적 존재가 그것이다.[220] 비이원적 베단타는, 절대적 존재는 실재이며 항구적이고, 경험적 존재는 비실재이며 변화하지만 인식을 위한 공통된 양식을 가지며, 환영은 특정한 개인 안에 제한되어 있다고 한다. 그들은 생각하기를, '비록 잘못된 창조라 하더라도 실제로 어떤 근원을 가진다.'[221]고 여긴다. 그들에게 존재와 실재는 다른 것이다.

반면, 나가르주나Nāgārjuna*는 "모든 나타남은 상호 의존적이며, 그들의 본성이라고 할 어떤 것도 가지지 않는다."고 한다.[222] 비록 나가르주나가 나타남의 독립성을 거부하고 있지만, 상호 의존성 자체는 인정하고 있다. 이것은 그의 수냐따Śūnyatā*가 허무적이지 않기 때문이다. 더 나아가 다스굽뜨는 "그는 환영적 창조물 그 이상이 아닌 '나타남'이 어떻게 그들이 존재하는 그런 양식으로 나타나는지는 설명하지 않았다."[223]고 지적한다.

베단타는 경험적 존재에 대한 탐구를 시도했다. 빠드마빠드(Padmapāda, A.D. 820)*는, "물질을 구성하는 알 수 없는 힘이 있다."[224]고 한다. 쁘라까샤뜨만(Prakāśātman, A.D. 1200)*은, "대상은 단지 생각의 변형으로 여겨질 수 없다."[225]고 한다. 다스굽뜨는, "대상으로서의 푸름은 푸른색을 인식하게 하는 본질이다. 인식認識이 푸름이 아니기 때문이다."[226]라고 한다. 비록 푸름에 대한 인식의 정도가 서로 다르다 하더라도, 두 사람은 어떻게 푸른색을 동시에 인식하는가? 두 사람이 푸른색을 인식하도록 방향 지워진 그 원천은 무엇인가? 왜 다른 한 사람은 같은 대상에 대해 붉은색으로 인식하지 않는가? 비이원적 베단타에 의하면, 그 이유는 브라흐만이 실체-배경의식-축복(sat-cit-ānanda)이기 때문이다.[227] 브라흐만은 실체이다. 찬도기아Chāndogya 우파니샤드(VI. ii.1)는 '태초에 이것은 존재 홀로였다. 둘이 아닌 유일한 하나'라고 한다. 나타남 혹은 현상은 절대적 제로zero도 아니고, 비존재도 아니다.[228] 환영적 존재가 경험적 존재에 의존하듯이, 모든 경험적 존재는 실체(Sat)에 의존한다. 실체는 모든 현상의 배경이다. 실체(Sat)가 전체일 동안, 현상은 마음의 이원론적 경향성으로 인해 다양성을 가진다. 현상은 실체의 차원에서는 실제로 하나이고, 다양성은 해석의 맥락 위에서 단지 경험된다. 푸름은 실체에서 오고, 해석은 경험적 존재로서 푸른색을 붙든다.

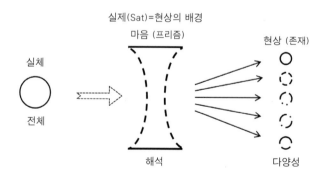

도표 20. 존재의 원천

5) 현상학과 비이원적 베단타(Advaita Vedānta)

인도의 전통적 인식론은 세 가지 요소(Triputī)에 근거한다. 이것은 무엇을 아는 주체, 알려지는 대상, 그리고 결과적 지식이다. 반면, 현상학은 지향성에 바탕을 둔다. 현상은 잠재적 대상인 노에마noema에 대한 의식으로부터 온다. 비이원적 베단타에서는, 현상은 단지 브라흐만의 표현양식이다. 나타남은 브라흐만에 대한 해석이다. 현상이 다양하게 나타날 동안, 브라흐만 홀로 존재한다. 현상학은 주관과 객관의 관계를 허용하지 않고, 비이원적 베단타는 이원성을 받아들이지 않는다. 이들 두 견해는 즉각적인 실재를 추구한다.

두 학파에 있어서, 현상 혹 나타남은 순수한 심리적 양식의 환영도 아니고, 본질을 가지는 독립된 존재도 아니다. 바가바드기타(XIII.26)는, "태어나고 움직이거나 혹은 움직이지 않는 어떤 것은 그 영역과 그 영역을 아는 자의 결합을 통해서다."라고 한다. 요가와시쉬트(III.95.1)는, "행위와 행위자는 동시에 최상의 존재에서 발생한다."고 한다. 비이원적 베단타는, "모든 것을 관통하는 브라흐만은 보는 자 안에만 존재하는 것이 아니고, 보이는 것 안에도 존재한다. 대상을 보기 위해선 보는 자와 보이는 것의 결합이 필요하다."[229]고 한다. 이 묘사는 정확히 현상학의 지향성 개념과 동일하다. 바스까라난드Bhaskarananda*는, "아는 자와 지식, 그리고 대상은 독립적으로 존재할 수 없고, 공존한다."[230]고 한다. 양자 물리학은, '우리의 관찰이 우리의 경험이다. 실재성에 있는 세계는 우리가 인식하는 것과 같을 수도, 혹은 다를 수도 있다. 우리의 마음 안에 있는 세상은 그것이 어떤 형태를 가지든 실제로 세상의 인식적 구조물이다.'[231]라는 것이다.

비이원적 베단타, 현상학, 그리고 양자 물리학은 '현상은 나누어질 수 없는 존재'라는 같은 관점에 도달하고 있다. 양자 물리학에 의하면, '물질은 활동성 없이 존재할 수 없다. 물질의 활동성은 바로 그 존재의 본질이다. 그들은 하나이며 동일하다.'[232]는 것이다. 활동적 현상은 물질이고 세상이다. 활동성은 힘을 의미한다. 물리학에 의하면, "힘과 입자는 같은 범주에 속한다. 입자들이 힘을 통해 상호 반응하고, 힘은 다른 입자들의 교환이다. 이 사실은 전체 구조물이 하나이며 동일함을 가리킨다. 현상적 우주에 '절대적 비어 있음' 같은 것은 없다. 비어 있음 혹은 공간이란 물질 혹은 에너지의 다른 측면이다.'[233]라고 한다.

브라흐만은 실체-배경의식-축복(sat-cit-ānanda)이며, 현상은 실체-마음-분열(sat-citta-bhāga)로 유추될 수 있다. 요가 수뜨라는 '마음 활동의 정지(citta-vṛtti-nirodha)'를 이야기한다. 니로드는 마음을 넘어 있으며, 넘어 있다는 것은 포함과 확장을 의미한다. 마음은 해석의 양식이다. 마음이 확장되고 변형될 때, 배경 의식이 있는 그대로 드러난다. 배경 의식은 모든 분열을 삼킨다. 다양성이 배경 의식에 녹아들 때, 축복이 있는 그대로 드러난다. 실재는 '실체–배경의식–축복'이지만, 마음이 실재를 분열로 해석한다. 현상은 브라흐만에 대한 해석적 양식이다. 현상은 인식론적 차원에 속하고, 브라흐만은 존재론적 차원에 속한다. 브라흐만과 현상은 하나이다. 마음 홀로 다름을 인식한다. 다양성은 마음 안에서 춤춘다.

2. 현상의 문제점들

현상은 시공時空의 관계라는 기본적 한계를 가진다. 이 사실이 경험을 발생시킨다. 그러나 경험 자체는 현상의 문제점이 아니다. 경험은 단지 존재이다. 현상의 문제점은 선호選好에 근거한 가치평가를 내포하고 있다. 선호는 이원성인 끌어당김과 혐오라는 대립에서 나온다. 가치평가는 선택과 고통의 기준이 된다.

 현상적 문제점의 핵심에 마음이 있다. 마음의 고유성이 이원성이기 때문이다. 이원성은 가치평가와 관련된 해석의 원천이다. 가치평가는 필연적으로 소외와 고통인 상실감을 유발한다. 낮은 가치는 언제든 버려질 가능성에 노출되어 있기 때문이다. 상실감은 주관성, 즉 개체성에서 온다. 현상의 문제점은 이원성에 바탕하고 있는 대립과, 가치평가의 주관성에서 발생한다. 마음은 대립과 주관성으로써 가치를 해석한다.

1) 대립

대립은 마음의 구조적 문제점이다. 바스까라난드Bhaskarananda는 "우리는 무엇을 단지 그것의 반대 개념과 관련시켜서만 이해할 수 있다."[234]고 한다. 상까르는 "세상은 모순으로 가득 차 있고, 이것은 스스로를 설명하지 못한다. 유한한 세상에서 이들을 화해시킬 원리는 없다."[235]고 한다. 가우디아빠드는 '마음의 선택적 경향성이 인간 조건의 근본적 흐름'[236]이라고 한다. 모순은 현상의 기본적 조건이고, 이러한 모순은 마음 안에서는 해결이 나지 않는다. 마음은 개념, 즉 이원성으로 인해 존재하기 때문이다. 개념의 속성은 그것의 부정을 발판으로 정당성을 가진다. 푸름은 푸르지 않음을 통해 정당화된다. 개념은 그 자체 내에 배타성을 품고 있다. 그래서 개념은 끊임없이 분열을 생산한다. 분열과 대립은 조화를 허용하지 않고, 투쟁으로 치닫는다.

까타Kaṭha 우파니샤드(I.ii.9)는 궁극적 이해는 추론에 의해선 얻

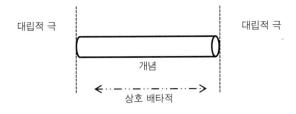

도표 21. 개념

어질 수 없다고 했다. 베단타 전통은 '모든 언어는 이원성의 영역에 속하고, 단어는 단지 침묵의 언어가 이해되지 않는 곳에서만 사용될 수 있다'[237]고 한다. 마음은 우주적 지식을 이해할 수 없고, 상대적 지식만을 이해한다. 마음 자체는 대립의 원리이고, 결코 일치에 이르지 못한다. 그래서 마음은 단편적 유용성만을 가진다. 이것이 왜 현상이 분열과 투쟁으로 보이는가에 대한 이유이다. 끄리쉬나난드Krishnananda*는 "삶은 모순이다. 이것은 모순으로서 시작했다. 그리고 모순으로서 끝난다. 그러한 방식에 있어서, 인간 이해의 깊이는 그것의 경계를 만질 수 없다."[238]고 한다. 마음을 넘어 있는 존재가 마음의 해석을 통해 현상 안의 존재가 되었다. 현상은 마음으로 인해 필연적으로 모순과 제약을 가지고 있다. 단지 현상과 함께 통합과 조화를 찾는 것은 상식 밖의 일이다. 통합과 조화는 현상을 넘어 있다. 그들은 다른 차원에 속한다.

2) 주관성

주관성은 마음의 동일시에 관한 문제점이다. 하이젠베르크(Werner Heisenberg)*의 양자 이론(量子理論, quantum theory)에 의하면, 우리는 단지 확률만을 관찰할 수 있을 뿐이다.[239] "거시적 수준에서 우리는 물질은 실질적이라는 개념을 가진다. 미시적 수준에서는 물질의 실재성은 사라진다. 양자 입자들은 객관적 존재를 가지지 않는다. 그들은 '존재하는 경향성'이고, 거시적 관찰과의 상관성이다."[240] 입자의 위치가 확률에 의존하듯, 객관적 현상이라는 것은 단지 오차가 허용되는 있음직한 범위를 가리킬 뿐이다. 실제로 개인들에 의해 인식되는 모든 '푸름'은 다르다. 그럼에도 불구하고 그 '푸름'들은 허용되는 범위 안에서 동일한 것을 묘사한다. 이것이 가능한 것은 주관성이 한계를 정하기 때문이다. 그 경계로 인해 개체가 비로소 발생한다. 경계는 개체에 특정한 성격과 뜻(의미), 즉 내포를 부여한다. 이것이 의식 위에 존재가 인지되는 방식이다. 경계를 결정하는 주관성이 존재를 가능케 한다.

끄리쉬나난드는 "마음은 단지 우리가 스스로를 발견하는 하나의 상황이고, 특정한 조건이다. 우리의 조건이 변화할 때, 우리의 마음 또한 변화한다. 마음의 존재는 단지 그 기능을 통해서만 알려질 수 있다."[241]고 한다. 마음은 스스로에 대한 경계를 만든다. 이 경계가 마음이 주관성을 만드는 방식이다. 마음은 스스로 이 경계와 동일시함으로써 다른 경계들과 구별시킨다. 이것이 '자의식', 곧 주관성의 시작이다.

요가 와시쉬트(II.19)는, "경험만이 사실이다. 그러나 이해하지 못함의 상태에서 경험이 경험의 주체를 가진 것처럼 보인다."[242]고 한다. 끄리쉬나난드는 "우리는 항상 사람에 집착하고, 원리를 등한시한다. 우리가 원리를 볼 수 없기 때문이다. 우리는 사람과 사물만을 본다. 그러나 사람과 사물은 존재하지 않는다. 존재하는 것은 원리들이다."[243]라고 한다. 주관성은 자신의 삶을 통해 누적된 심리적 환영이다. 주관성은 상대적이고 모순적인 인식에서 해석자와 기준으로서 기능한다. 주관(主觀, subjectivity)은 장애이다. 주관성이 사라질 때, '실체-마음-분열'은 '실체-배경의식-축복'으로 초월한다. 현상은 브라흐만으로 드러난다.

3. 이중차원(Bi-dimension)

이중차원의 문제는 고대로부터 모든 철학과 종교의 주된 주제였다. 이 주제는 하나와 다수라는 문제로 표현되었다.[244] 하나는 다수 안에서 생명을 불어 넣고, 비추는 힘으로서 베일 뒤에 숨어 있으며, 다수는 현상세계로 나타난다.[245] 이중차원은 경험적 세계와 경험을 넘은 영역을 가리킨다.

1) 서구의 접근

이중차원은 그리스도교와 무슬림, 그리고 유대교의 근본 바탕이다. 그들의 신학은 이 두 영역의 관계성에 압축되어 있다. 그들의 이중차원은 서로 배타적이며, 다른 질을 갖는 두 계층으로 변질되었다.

계층은 일종의 계급이고 서열이다. 이것은 소속된 개체들의 질을 고려하며, 하나의 원리 아래서 질의 정도에 따라 나누어진다. 이것은 소속된 개체들의 속성과 관계한다. 그래서 계층은 존재론

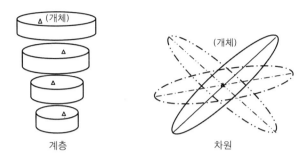

도표 22. 계층과 차원

적 범주이다. 반면, 차원은 일종의 장(場, field)이다. 이것은 그 장의 원리를 고려하고, 원리들의 기능에 따라 나누어질 수 있다. 이것은 소속된 개체들에 작용하는 원리의 속성과 관계한다. 그래서 차원은 기능적 범주이다.

　예를 들어, 학교에서 1학년과 3학년은 계층(class)이다. 그 계층에 속한 구성원들은 학업이라는 원리에서 볼 때, 그 질이 확연히 다르다. 그 차이가 학년을 구분한다. 이것은 학생의 학업 능력이라는 개체의 질과 관련된다. 그래서 학년은 존재론적 범주이다. 1학년이면서 동시에 3학년일 수는 없다. 반면, 아버지와 아들은 차원적 구분이다. 아버지란 어느 누군가를 세상에 탄생시킨 전 세대이며, 보호자로서의 기능을 가진다. 아들은 누구로부터 태어난 후 세대이며, 누군가의 보호를 받고 교육받는 이로서의 위치에 있다. 그런데 한 사람은 아버지인 동시에 아들일 수 있다. 아버지와 아들의 구분은 원리의 측면에 근거한 차원적 분류이기 때문이다. 아버지와 아들은 원리 안에서의 질이 아닌, 원리들의 기능과 관계한다. 차원은 원리 자체에 근거한 분류이다. 한 사람은 아버지의 차원과 아들의 차원을 동시에 가진다.

차원은 특정 원리가 작용하는 장을 의미한다. 서구 신학은 존재론적 관점으로 접근하고 있기에 하나와 다수는 여전히 분리된 채로 남아 있다. 신과 피조물이 그것이다. 중세의 서구 철학은 '본질 대 존재(本質-對-存在, essence versus existence)' 혹은 '본체와 현상(本體-現象, noumenon versus phenomenon)'의 문제로 바쁘게 보냈다.[246] 그럼에도 조화를 찾을 수 없었고, 인간은 아직도 외롭게 남아 있다.

2) 인도 문헌의 접근

인도에는 계층적(존재론적) 접근과 차원적 접근이 모두 있었다. 전자의 대표는 상키아이고, 후자는 비이원적 베단타로 전달되고 있다. 우파니샤드는 기본적으로 차원적 접근을 가지고 있다. 브리하드-아라니앗까Bṛhad-āraṇyaka 우파니샤드(II.iii.1)에는 두 양식의 브라흐만이 있다. 형태를 가진 것과 가지지 않은 것이 그것이다. 형태를 가진 것은 존재이고, 가지지 않은 것은 배경이다. 그럼에도 그들은 하나의 실체이고, 단지 그들의 차원만 다르다.

문다까Muṇḍaka 우파니샤드(III.i.1-10)의 두 마리 새는 차원에 대한 대표적 묘사이다. 같은 나무에, 즉 세상이라는 나무에 인간과 궁극이 함께 거주하고 있다. 인간과 궁극은 같은 존재론적 범주에 속하지만, 그들의 차원은 다르다. 하나는 소유자로서 집착의 차원에 있으며, 다른 하나는 보는 자로서 물러남의 차원에 있다. 비록 두 마리 새가 같은 나무에 한정되어 있지만, 그들은 각각 다른 작용 원리를 가지고 있다.

우파니샤드의 이중차원은 철학적으로 초월과 내재로서 언급될 수 있다. 잇샤Īśa 우파니샤드(5)는 말하기를, "그것은 멀고 동시에 가깝다."라고 하고, 문다끼Muṇḍaka 우파니샤드(III.i.7)는 '먼 것보다 더 멀지만, 여기 바로 곁에'라고 한다. 실체는 두 차원을 가지지, 두 존재를 가지지 않는다. 존재는 나타남의 양식일 뿐이기 때문이다. 다른 원리들이 다른 장에서 작동한다. 그러나 실체는 하나다.

바가바드기타(XIII.15; XV.16)는 우파니샤드를 따른다. '그는 모든 존재 안에, 그리고 밖에 있다. 그는 멀리 있으나 여전히 가까이 있다; 세상엔 두 종류의 사람이 있는데, 죽을 인간과 죽지 않을 인간', 인간은 두 차원에 걸쳐 있다. 그는 유한한 원리와 무한한 원리 모두를 가지고 있다. 그는 매 시점마다 하나를 선택할 자유를 가지고 있으며, 매 순간 자신의 존재 상태를 결정한다. 우파니샤드는 이중차원을 주장하고, 바가바드기타는 우리에게 그 두 차원 안에서 자유롭기를 요구한다. 비록 기타가 상키아의 영향 아래 있기는 하지만, 차원적 접근은 기타의 근본적 개념이다.

3) 비이원적非二元的 베단타(Advaita Vedānta)의 접근

상까르는 근본적으로 차원적 견해를 가지며, 절대적 진리와 상대적 진리를 구분하고 있다.[247] 위와르뜨 이론에서 본 바와 같이, 하나는 실재(브라흐만)이고, 다른 하나는 실재가 아니다(마야Maya). 무키야난드Mukhyananda*는 이것을 본체적 견해와 인간적 견해로 설명한다.[248] 라다크리쉬난에 의하면, 실재는 영구성과 변화, 전체와 부분, 절대와 상대, 무한과 유한의 대립을 초월한다.[249] 그것은 통합된 차원이다. 무키야난드는 마야는 차별화의 원리이며, 경험적 관점에서 오는 사실이다.[250] 비록 마야가 자신의 효력을 통해 경험되지만, 마야는 브라흐만과 독립되어 있는 분리된 존재가 아니라고 한다.[251]

우파니샤드가 말하듯, '둘이 아닌 유일한 하나'이다. 마야는 하나에 대한 경험적 차원이다. 인식은 마야의 차원에서만 가능하다. 브라흐만에 대한 '실체-배경의식-축복'의 인식도 또한 마야의 차원이다. 반면, 브라흐만 자체는 인식을 넘어 있다. 브라흐만과 마야는 차원의 문제로 이해되어야 한다. 브라흐만과 마야의 차이는, 전자는 모든 다양한 차원들의 통합된 차원이고, 후자는 모든 특정 차원들의 집합이다. 비록 전자가 경험적 원리의 장에서 통합된 차원으로서 이야기될 수 있지만, 실제로 이것은 하나의 차원이라는 것을 넘어 있다. 브라흐만과 마야의 이중차원은 인간의 마음을 위한 하나의 방법론적 도구이다.

4) 두 종류의 지식

지식은 두 가지로 분류될 수 있다. 문다끄Muṇḍaka 우파니샤드 (I.i.2)는 높은 지식과 낮은 지식 두 가지로 나눈다. 지따뜨마난드 Jitatmananda*는 요가 수뜨라(I.44)의 '사위짜르savicāra와 니르위짜르nirvicāra'를 경험적 통찰과 비상관적 통찰로 설명한다.[252] 위베까난드Vivekananda는 세속적 지식과 영적 지식을 언급한다.[253]

   물리학자 에딩턴(Arthur Eddington)*은 "우리는 상징적 지식과 본질적 지식 두 가지를 가지고 있다. 추론의 관습적 형태는 상징적 지식만을 위해 발전되었다. 본질적 지식은 성문화(成文化: 言語化, codification)와 분석을 따르지 않을 것이다. 오히려 우리가 그것을 분석하려 하면 그 본질은 상실되고, 그것은 상징으로 대체된다."[254]고 했다. 본질적 지식은 해석 뒤에 서 있다. 해석은 뒤에 서 있는 그것에 자기가 보기를 원하고, 볼 수 있는 것으로 색을 입히는 것이다. 비록 해석이 그 뒤에 있는 것과 관련이 있다고 하지만, 뒤에 있는 그것은 아니다. 뒤에 있는 것은 다른 차원에 속하는 것이기 때문이다. 상징은 차선책이다. 이것은 근본적으로 이원적 현상의 언어이다. 상징의 아이러니는 실재를 보여주지만, 실재는 아니라는 것이다. 상징은 그 자체를 꿰뚫는 통찰의 능력을 필요로 한다.

5) 역설逆說과 이중차원

상징의 반어처럼 베단타 전통은 야갸왈끼아Yājñavalkya*의 네띠, 네띠/이띠, 이띠(neti, neti/iti, iti: it is not/it is)의 진퇴양난에 몰려 있다. (1) 만일 하나만 홀로 실재이면, 다수는 비실재여야 한다. (2) 만일 하나만 홀로 실재이면, 다수는 하나가 되어야 한다.[255] 베단타 내부의 학파 간 논쟁을 통해 베다아베다(Bhedābheda: difference/non-difference)*이론이 브라흐마-수뜨라(Brahma-sutra II.iii.43)*를 바탕으로 바스까르Bhāskara*와 님바르끄Nimbarka*에 의해 주장되었다.[256] 베다아베다 이론은 다른 이론들에 비해 보다 통합적인 접근이었다. 비록 이 이론이 '차원적 접근'을 인식하지는 못했어도, 차원적 견해에 대한 실마리를 제공하고 있다. 베다아베다는 이중차원적 견해에 의해 설명될 수 있는데, 다름은 경험적 차원에 의한 것이고, 다르지 않음은 통합된 차원에 의한 것이다. 야갸왈끼아의 궁지(窮地, dilemma)는 존재론적 계층화에 의해서는 해결될 수 없다.

인간은 다른 하나를 뛰어넘어야 할 존재론적 계층에 속해 있지 않다. 하나의 실체가 두 차원을 가진다. 다름은 그들의 원리들에 기인한다. 주관이나 객관, 창조자나 창조물과 같은 것은 없다. 대신, 원리와 관점과 해석과 차원이 있다. 마야는 차원들의 집합이고, 브라흐만은 차원들의 통합이다.

4. 다중차원

세상은 셀 수 없는 원리原理들의 바다이다. 그들은 독립적이거나 혹은 보완적이거나, 심지어 상호 모순적인 것처럼 보인다. 현상은 해석이라는 방향성에 의해 결정된다. 이 관점은 '무엇에 대한 의식'이라는 지향성에 기인한다. 지향성은 관찰을 의미한다. 그래서 현상은 근본적으로 관찰에 기초하고 있다. 현상적 관찰은 본질적으로 제약되어 있는데, 일반 의식인 마음은 이원성과 함께 기능하기 때문이다. 이것은 일반적 관찰이 배타적이며, 소외된 영역을 산출한다는 것을 의미한다. 그들 사이에 어떤 충돌이 있고, 관찰은 어떤 것을 놓치고 있다. 슬리번(J.W.N. Sullivan)*은 "우리는 자연의 진행을 방해하지 않고는 그것을 관찰할 수 없다."[257]고 한다.

안드라데(C. Andrade)는 "관찰은 우리가 관측하는 것에 대한 간섭을 의미한다. 관찰은 실재를 혼란시킨다."[258]고 한다. 비록 현상적 관찰이 치명적 약점을 가지고 있지만, 우리로서는 선택의 여지가 없다. 이것이 일반 의식 안에서 현상을 인식하는 유일한 방식이다. 배타적 관찰의 부분화는 다중차원이 발생하는 이유이다.

1) 베단타와 다중차원(Multi-dimension)

브리하드-아라니얏끄Brhad-āraṇyaka 우파니샤드(I.v.9)는 "알려지는 모든 것은 마음의 형태이다. 마음이 알려지는 것이기 때문이다."고 한다. 현상은 마음에 의존되어 있고, 분화는 이름과 형태 (nāma-rūpa)에 의해서다. 라다크리쉬난은 "진실은 우주의 다중성과 복수성에 가려져 있다."[259]고 한다. 무키야난다Mukhyananda 는 "상까르는 진실이 현상의 수준에서 서로 다른 방식으로 표현될 수 있음을 알았다. 그는 인간의 경험적이고 초월적인 모든 수준을 통합하려 했으며, 그것들을 적절히 나누고, 그들 자신의 영역에 상응하는 정당성을 부여하고자 노력했다."[260]고 한다. 라다크리쉬난은 "인간은 실재의 다양한 단계의 접점이다.[261] 인간은 복잡한 다중차원의 존재이다."[262]라고 했다. 삿뜨쁘라까샤난드 Satprakashananda*는 "우리는 사물을 그들의 본질적 속성에 의해서가 아니라, 우리의 경험적 측면에서 인식한다. 인간의 마음은 같은 사물에 다르게 반응한다."[263]고 한다. 베단타 문헌 빤짜다쉬 (Pañcadaśī: IV.20)에는 '그것의 경험은 다양하다. 경험자의 정신 상태에 있는 다름으로 인해'[264]라고 하여 베단타는 현상의 다양성을 마음의 관점 때문으로 이해한다. 다중적 견해는 다중차원을 의미한다.

2) 양자물리학과 다중차원

양자물리학은 현상을 이해하는 새로운 접근을 제공했다. 불확정성의 원리에 의하면, '절대적 정밀성을 갖고 한 입자의 위치와 운동을 동시에 결정하는 것은 불가능하다.'고 한다. 이러한 형태의 불확정성은 입자들에만 특별히 적용되는 것이 아니라, 우주 자체의 속성에 있어 고유한 일반적 현상이다.[265] 불확정성은 관찰 자체가 관찰의 대상을 훼손하듯 피할 수 없는 현상이다.[266] 위그너(Eugene Paul Wigner)*는 '과학자의 의식 자체가 한 사건의 결과가 실제로 도출되게 하는 숨은 변수'[267]라고 한다.

양자역학에 의하면, 미래는 예측할 수 없고, 관찰자는 간섭한다. '코펜하겐 해석'*은 외부 세상과 관찰자의 상호작용에 대한 새로운 전망을 제시했다.[268] 슈뢰딩거(Erwin Schrodinger)*는 같은 입자에 대해서 '파동 입자 이중성'을 발견했고, 파동함수는 특정 위치를 점유하는 한 개 입자의 확률 파동을 수학적으로 나타낸 것이다.[269] 파동함수의 붕괴는 관찰과정에서 확률 파동을 간섭하는 것이다. 이것은 입자가 무한대의 확률적 가능성에서 관찰, 즉 파동함수의 붕괴로 인해, 비로소 현상세계에 하나의 존재로 등장함을 의미한다. 양자역학에서 존재란 유일한 실체나 진실이 아니라, 우연히 특정 시간과 공간, 그리고 조건 속에서 관찰자의 의식에 포착된 가능적 확률의 한 구체화이다.

관찰 이전에 하나의 입자는 동시에 모든 가능한 상태에 존재한다. 그들 중에 어느 상태에 있는지를 발견하기 위해서는 관찰이 이루어져야만 한다. 관찰은 파동함수를 붕괴시키고, 확률들 가운데서 단지 하나의 관찰 가능한 결과만을 얻는다. 즉 입자는 현실세계에서 관찰 이후에 비로소 존재한다.[270] 슈뢰딩거는 '슈뢰딩거의 고양이 역설'로 알려진 실험에서 고양이의 상태를 예측했고, 살아 있을 고양이와 죽었을 고양이에 대한 동등한 확률적 결과를 묘사했다. 이 두 결과는 네 개, 여덟 개, 열여섯 개, 그리고 무한대의 확률로 분화되었다. 사실 파동함수는 그것이 관찰되든 아니든 간에, 관찰되는 외적 실재성을 위해 확률의 무한대 분화 숫자를 제공한다.[271] 에버렛(Hugh Everett)*과 휠러(John A. Wheeler)*는, "파동함수는 실재적 존재이다. 그것이 표현하는 모든 확률은 실재이고, 그들은 모두 발생한다."[272]고 한다. 에버렛은 '다중우주 이론 (multiverse theory)'을 주장했다. 이 이론은 여러 개의 우주가 동시에 존재하는 '우주의 집합'을 가정한다. 이것은 관측되지 않은 입자는 여러 개의 상태에 동시에 존재할 수 있다는 양자역학에 근거하며, 이것은 원자적 규모에서 다중세계가 존재함을 전제로 하는데, 일부 학자들은 미시세계와 거시세계의 경계를 허물고 있다.

현상세계를 이해함에 있어, 양자역학과 현상학은 같은 관점에 도달한다. 존재는 관찰이나 의식의 방향성을 통해 세상에 나타난다. 존재란 선택 가능한 실재들에 대한 우연한 관찰이나 해석의 결과이다. 에버렛에 의하면, '전체 우주의 겹쳐지는 파동함수들은 (선택 가능한 실재들) 양자적 수준에서 측정 가능한 상호 간섭을 야기한다. 그들 모두는 동등하게 실재한다. 우리가 양자적 수준에서 측정할 때, 우리는 이들 대안적 가능성 중 하나를 선택하도록 관찰의 과정에 의해 강요받는다. 우리는 우리가 선택한 세계를 실제

세계로 본다. 선택되지 않을 때, 그 대안적 실재들은 함께 묶여 있다.'[273]고 한다.

빤다(N.C. Panda)[*]는 "모든 것은 해석이고, 양자물리학에서 객관적 세계란 없다. 하나의 존재는 우리가 바라볼 때, 실재이다. 바라보지 않을 때, 실재하지 않는다."[274]고 한다. 양자 역학에서 '무엇이 실재인가?' 하는 것은 더 이상 의미가 없다. 존재란 무한한 택일 가능성으로부터의 선택이며, 동시에 그것은 그 자체 안에 무한의 가능한 존재를 숨긴다. 존재는 다중차원들 중의 한 우연이다.

양자물리학자들은 양자역학에서 '양자 이중성(quantum-duality)'을 발견했다. 이것은 전적으로 다른 두 개의 이론이 하나의 현상을 정확히 동일하게 설명한다는 것이다. 비록 서로 다른 이론이 다른 방식으로 묘사하고 설명하지만, 어느 것이 다른 것보다 더 낫다거나, 실제적이라고 할 수 없다는 것이다.[275] 우주의 모든 측면을 설명할 수학적 모델이나 이론은 없다. 양자 이중성은 세상의 어떤 측정이나 해석도 필연성을 가지지 못하고, 관찰의 조건에 한계 지워져 있음을 시사한다.

양자 이중성에 의해 '모형 의존적 실재론(model-dependent realism)'이 대두되었다. 이 이론은 '인간의 뇌가 감각기관에서 온 입력을 해석한다.'[276]는 것에 토대를 두고 있다. 스티븐 호킹 Stephen Hawking[*]에 의하면, "근본적으로 다른 요소와 개념으로 같은 물리적 상황을 모형화模型化하는 수많은 방법이 있다. 그 모형이 실재에 상응하느냐는 질문은 무의미하고, 단지 그 모형이 관찰에 상응하느냐는 질문만이 의미가 있다. '내가 그 의자를 본다'는 실제적 의미는 그가 의자로부터 나오는 빛으로 의자의 이미지나 모형을 만들었다는 것이다. 인간이 우주의 모든 개념을 만든다. 그가 알 수 있는 이들 개념을 제외하고 실재란 없다. 모형에 의존하지 않고는 어떤 것의 실재성을 판단할 방법이 없다."[277]고 한다. 모형 의존적 실재론은 정확히 '나마-루빠nāma-rūpa' 이론과 동일하다.

양자물리학은 세상으로부터 객관성과 필연성과 실재성을 제거했다. 그리고 이것은 관찰자의 역할을 밝혀냈다. 세상은 더 이상 단일세계가 아니다. 불확정성의 원리, 파동 함수, 양자 이중성, 그리고 모형 의존적 실재론에 의해 세상의 다중차원이 열렸다.

3) 다중차원의 수준(Holarchy)

근본적으로 다중차원은 관찰의 확률성과 불확정성에 근거한다. 관찰은 아직 과학의 영역에서 베일에 가려져 있는 의식의 문제이다. 관찰 외에도 우주엔 다중차원을 뒷받침하는 구조적 이유가 있다. 다중차원의 구조적 원천은 홀아키holarchy이다. 홀아키는 홀론holon의 개념에서 도출되었고, 홀론은 케스틀러(Arthur Koestler)*가 제창한 용어이다. 이것은 '하나의 전체라는 것은 다른 전체의 한 부분이며, 이것은 동심원을 넓히는 구조에서 다른 전체는 다시 더 큰 전체의 한 부분이다. 예를 들면, 단어, 문장, 문단 등이 그 개념'이다.[278] 윌버(Ken Wilber)*는 "홀론은 그것의 기능을 유지하는 하나의 전체일 뿐 아니라, 또한 다른 시스템, 다른 전체의 한 부분이다. 게다가 전체로서 그 자신의 자율성을 유지해야 하고, 동시에 어떤 다른 것의 한 부분으로서 적합해야 한다. 그 자신의 존재는 환경에 조화하는 능력에 의존하고 있다. 그래서 모든 홀론은 전체로서의 자신의 기능을 가질 뿐 아니라, 다른 전체의 한 부분으로서 집단에 조화를 이루어야 한다."[279]고 한다. 우주의 모든 존재는 전체도 부분도 아니다. 전체/부분, 즉 홀론이다.

일반적으로 계급階級은 구조적 수준의 질서를 가리킨다. 윌버에 의하면, "통합주의자가 '전체는 부분의 합보다 크다'라고 할 때, 이것은 전체가 부분들보다 더 높고, 깊은 체제 속에 있음을 의미한다. 그것은 하나의 계통적 체계, 즉 홀아키holarchy이다.[280] 세포는 분자를 포함하지만, 그 역은 아니다. 분자는 원자를 포함하지만, 그 역은 아니다. 문장은 단어를 포함하지만, 그 역은 아니다. 이 '그 역은 아니다'라는 것이 계통적 체계, 홀아키, 증대하는 전체성의 질서를 만든다."[281]고 한다. 홀아키는 자체 안에 하나의 방향성을 가지며, 이것은 필연적으로 진화를 요구한다. 윌버는 "진화는 그 방향성 안에서 움직이는, 넓고 일반적인 경향성을 가진다. 그것은 증가하는 복잡성, 증가하는 차별/통합성, 증가하는 조직/구조성, 증가하는 상대적 자율성이다."[282]라고 한다. 홀아키는 홀론의 구조적 차원이다. 높은 수준은 구조적으로 낮은 수준에 의존하지만, 높은 수준의 기능은 낮은 수준에 의존하지 않는다. 각 기능은 그 홀론 자체의 원리에 의해 작동한다. 홀아키는 차원적 수준이다.

홀아키는 생물학과 물리학의 영역뿐 아니라, 문화와 정신적 영역에도 적용된다. 윌버는 홀론을 사상한(四象限, quadrants)의 네 그룹으로 나누었다.[283] 그의 사상한은 우주에 있는 무한대의 홀론 시스템에 대한 하나의 예이다. 그에 의하면, '사상한은 모두 서로 뒤얽혀 있다. 그들은 상호 결정한다. 그들은 사상한 안에서 모두 하나의 원인'이다.[284] 더구나 각 홀아키의 조합은 무수한 새로운 홀아키를 만들어낸다. 그는 수백, 수천의 홀아키를 언급했다.[285] 만일 홀아키가 수천이라면, 홀론은 사실상 무한대이다. 하나의 홀론은 하나의 차원이다. 홀론의 개념은 다중차원을 입증한다.

4) 다중차원을 향한 해석(Interpretation)

하나의 현상은 하나의 해석을 통해 하나의 존재를 가진다. 해석은 다중차원의 유일한 원천(source)이다. 다중의 원리들이 다중의 해석에 의존하기 때문이다. 게다가 해석은 '혼돈의 마음'에 바탕을 두고 있다. 요가 수뜨라(IV. 15,17)는

마음의 다름으로 인해, 대상은 하나이나, 둘은 구별되는 영역이

다. (15)

마음에 색이 입혀졌는지에 따라, 그것은 알려질 수도, 그렇지 않을 수도 있다. (17)

이 구절은 양자물리학과 일치한다. 우주는 해석에 의해 존재할 수 있고, 무한대의 가능성으로 나누어진다. 해석은 본질적으로 어떤 확실성을 가지지 않고, 대안적 잠재성을 지닌 객체는 해석 없이는 결코 존재의 차원에 등장할 수 없다. 우주는 단지 해석이고, 나타남(Vivarta)이다.

요가 와시쉬트(I.12)는 "관련이 없는 존재들이 함께 나타나고, 마음은 이들 사이를 관계성으로 엮어 놓네. 세상의 모든 것은 마음, 곧 그의 정신적 태도에 의존하네."라고 한다. 해석은 마음에서 온다. 데모크리토스Democritus*의 스승 레우키포스(Leucippus: B.C. 5세기)*는 "모든 것은 진실이 아니라, 이미지와 견해에서 온다. 모든 것은 단지 나타남이다. 나타남이 진리이다."[286]라고 한다. 현대 베단타는 "각 개인은 다른 세상을 인식하며, 자신의 개인적 세계를 가진다."[287]고 한다.

크릭(Francis Crick)*은 "많은 사람들에게 그들이 보기에 실재인 것이 세상에 대한 상징적 해석에 불과하다는 사실을 받아들이기는 매우 어렵다. 본다는 것은 뇌 안에, 시각적 감각의 뚜렷한 다중적이고 상징적인 해석 과정을 수반하는 것이다."[288]라고 한다. 해석은 무엇이 진실이고 실재인지를 고려하지 않는다. 그것은 단지 선택 가능한 확률 중 하나이다. 그럼에도 이 확률이 무작위가 아닌 것은 맥락을 가지기 때문이다. 윌버에 의하면, 해석의 기본 규칙은 '모든 의미는 맥락 제한적'이란 것이다.[289]

의미 있는 해석은 맥락을 가져야만 한다. 그렇지 않으면, 해석은 신기루와 같은 허상이다. 의미는 관계성과 방향성을 통해 정당성을 가진다. 이들은 맥락의 속성이다. 실제로 하나의 맥락은 그 자체로 하나의 차원이다. 이것은 축적된 차원 혹은 역사적 차원이다. 맥락은 해석의 모체이다. 맥락은 새로운 해석을 낳고, 그 새로운 해석은 모체의 맥락을 계속 확장한다. 다른 표현으로, 하나의 차원은 해석들을 통해 자신을 확장하고, 다른 차원들과 소통하며 관계한다. 해석이 무작위가 아닌 이유는 맥락 때문이다. 맥락은 하나의 차원에 통합과 지속성을 제공한다. 하나의 삶처럼 맥락은

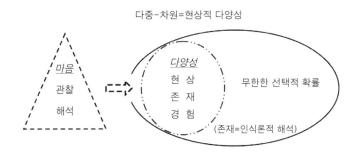

도표 23. 다중차원

변형과 성장을 계속하고, 자신의 방향성으로 인해 무한으로 달려 간다. 해석은 다중차원을 열고 있다.

5. 다중차원을 넘어

세상은 하나의 주사위처럼 해석에 의해 확률로 던져졌다. 우리를 더욱 곤혹스럽게 하는 것은 이 주사위가 무한대의 면을 가지고 있다는 사실이다. 확실성과 실재성은 그들의 길을 잃었고, 세상은 차원의 파편들로 부서졌다. 그럼에도 세상은 여전히 하나의 유기 적 전체이고, 모든 차원은 그들의 관계성으로 얽혀 있다. 요지는 하나와 다수의 관계성을 이해하는 것이다. 그들은 진정 하나인가? 어떻게 확신할 수 있나?

브리하드-아라니앗까Bṛhad-āraṇyaka 우파니샤드(I.iv.7)에 의하

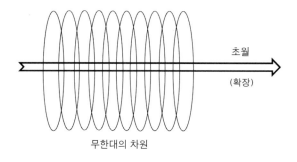

초월

(확장)

무한대의 차원

도표 24. 차원을 넘어

면, '하나가 다수에 들어갔고', 까타Kaṭha 우파니샤드(II.i.11)에 의
하면, '여기에 다양성이란 없고', 찬도기아Chāndogya 우파니샤드
(III.xiv.4)에 의하면, '절대는 그것으로부터 모든 것이 태어났고, 그
것에서 회복하고, 그것에 의해 살아가는 그 무엇이다. 인간의 목
적은 그것과 하나 되는 것'이다. 잇샤Iśa 우파니샤드(6)는 하나됨
의 상태를 묘사하기를, '자신 안에서 모든 것을 보고, 모든 것 안에
서 자신을 보는 자, 그는 그런 견해로 인해 어떤 격변도 느끼지 않
네.'라고 한다. 여기서 그는 하나를 통해 다수를 넘어서고, 그들은
더 이상 다르지 않다.

바가바드기타의 주된 견해는 영과 자연을 절대의 다양한 측면
으로 본다는 것이다.[290] 기타는 통합된 차원을 추구한다. 그래서
'이 하나는 죽이지도, 죽임을 당하지도 않는다(II.19)', '그는 결코
태어나지도, 어떤 시간에 죽지도 않는다(II.20)', '장(場, field)과 장
을 아는 자의 결합(XIII.26)', '그는 모든 것 안에, 그리고 밖에 있다
(XIII.15)', '흙과 돌과 금덩이를 같은 것으로 보는 지혜를 얻은 요
기(VI.8)', '모든 곳에서 그는 같은 것을 봄(VI.29)'이다. 요기(요가수
행자)의 목표는 통합된 차원을 얻는 것이다.

가우디아빠드는 '그 속성(nature)에 의해 이해되어야 하는 그것
은 그 자체로 완전하며, 이것이 바로 그것의 조건이다(Māṇḍūkya
Kārikā: IV.9)'라고 한다. 이것은 세상은 자신의 속성, 원리, 즉 차원
에 의해 이해되어야 함을 의미한다. 각각의 차원은 고유한 조건을

가지고 있다. 만일 그것이 그 조건을 벗어나면, 그것의 속성과 원리는 의미를 상실하게 된다. 세상은 세상의 맥락 안에서 고려되어야만 한다. 우리가 아는 세상의 차원은 확률적 차원들 중의 하나이다. 통합된 차원은 세상의 차원 너머에 있다.

상까르는 결국 차원의 개념으로 하나와 다수의 문제를 해결하고 있다. 그는 경험적 차원과 통합적 차원을 구분하고 있으며, "경험적 세계는 단지 경험적 질서가 유지되는 한에 있어서 실재다."라고 한다.[291] 그의 철학은 근본적으로 이중차원에 근거를 두고 있다. 하나와 다수, 통합과 경험, 브라흐만과 마야가 그것이다. 그는 브라흐만만을 인정하는 것이 아니라, 마야도 인정한다. 그들은 다른 차원에서 출발한, 한 실재에 대한 다른 해석이다. 그래서 그의 이론은 일원론이 아니다. 그는 두 개의 차원이 다름을 강조하고 싶었던 것으로 보이며, 그래서 비이원론(非二元論, Advaita)이다. 다수가 해석을 통해 드러나지만, 하나는 여전히 둘이 아닌 홀로이다. 그는 "브라흐만과 세계의 관계를 논리적 범주로는 설명이 불가능하다."[292]고 한다. 해석은 논리적 차원이고, 그 하나는 논리의 이해를 벗어나 있다. 논리는 단지 이원성만을 이해할 수 있기 때문이다.

상까르는 '삶의 목적은 다중성의 초월'이라고 한다.[293] 이것은 복수성의 폐지를 의미하는 것이 아니라, 복수성에 대한 판단 제거를 의미한다.[294] 윌버는 이것을 일종의 진화의 과정이라 한다. "진화는 이전의 것을 넘어서는 것이다. 그러나 이것은 이전의 것을 품고 있기에, 진화의 속성은 초월이고 포함이다. 그래서 이것은 선천적으로 방향성을 가지고 있다."[295]고 한다. 진화의 종국엔 통합된 차원이 있다.

라다크리쉬난은 실재성에 대한 안목을 가질 수 있는 영감을 강조한다. "우리는 추상적 생각의 제한된 범주 안에서 작업할 때, 우리가 직면하는 생각을 넘어서야 하고, 대립의 충돌을 넘어서야 하며, 모순을 넘어서야 한다."[296] 문다끄Muṇḍaka 우파니샤드(Ⅲ.i.8)는 "그는 명상에 의해 부분이 없는 그를 본다."고 한다. 전반적 우파니샤드의 견해를 보면, 명상에 의해 요기(요가수행자)는 브라흐만을 접한다.[297]

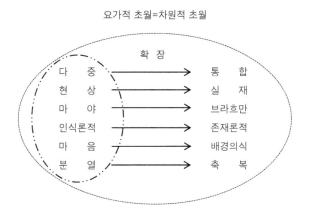

도표 25. 다중차원의 초월

다수의 차원은 실체-마음-분열(sat-citta-bhāga)이고, 하나의 차원은 실체-배경의식-축복(sat-cit-ānanda)이다. 해석은 분열에서 오며, 분열은 마음에서 온다. 마음은 현상만을 이해한다. 다수와 하나는 같은 실체이나, 단지 그들의 차원이 마음과 배경의식으로 나뉜다. 통합된 해석을 통해 마음은 배경의식을 향해 초월한다. 그리고 배경의식의 통합된 차원이 열린다. 요가적 초월은 차원의 초월이다. 차원의 초월은 명상에 의해 주어지고, 명상은 다중차원을 넘어 '하나'를 열어 보인다.

제4장

요가 훈련에 대한 분석

1. 훈련의 개념들과 구조

1) 명상에 관한 개념들

명상冥想은 통합된 존재의 차원이다. 이것은 인간 초월을 향한 문이다. 인간은 현상세계의 다중차원 안에서 자신의 차원을 결정할수 있다. 명상의 차원은 모두에게 열려 있으나, 특별한 과정이 결핍된 모든 이에게 닫혀 있다. 명상은 일종의 훈련을 필요로 한다.

아디스와라난다Adiswarananda*에 의하면, '명상은 일반적으로 깊은 집중으로 이해되지만, 이것은 집중 그 이상이다. 이것은 하나의 정신적 과정이며, 명상자는 그 대상과 하나가 되는 것'이다.[298] 집중은 노력 없음이 되고, 직접적 인식을 통해 계속된다. 그는 또 '명상은 추론이나 묵상과는 다르다.'[299]고 한다. 추론은 마음의 기능이고, 묵상은 신적인 것에 대한 생각이기 때문이다. 명상은 마음의 기능을 넘어 있고, 하나의 생각을 경작하는 것이며, 최종적으로 마음을 통제하고, 마음으로부터의 물러남이다.

① 명상의 주된 속성

명상의 속성을 통해 명상을 이해하는 것이 도움이 된다. 그 속성들은 마음-넘어, 직접성, 하나됨, 한결같음, 그리고 자각이다. 이 분류는 임의적인 것이나 명상의 다중적 측면을 보여준다.

첫째, '마음-넘어'이다. 이것은 감각의 조절, 마음의 통제, 그리고 마음으로부터의 철수로써 언급될 수 있다. 바가바드기타(II.58,59, III.7, VI.20,25)와 요가 수뜨라에 의하면, 마음에 의해 감각으로부터 떨어져야 하고, 마음을 통제해야 한다. 가우디아빠드(Māṇḍūkya Kārikā: III.37)는 "아뜨만Ātman*은 모든 언어의 표현을 넘어 있고, 모든 마음의 행위를 넘어 있다."라고 하며, 축복에 대한 집착마저 던져버리길 요구한다.[300] 상까르(Vivekacūḍāmaṇi: 363)는 '이미지로부터의 자유'라고 한다. 이미지는 마음의 산물이다. 요가 와시쉬트(III.17)는 "만일 당신이 모든 생각을 포기한다면, 지금 이 자리에서 모든 것과의 하나됨을 얻을 것이다."라고 한다. 마음-너머는 명상을 향한 첫 걸음이고, 모든 명상적 훈련의 실질적 단계이다. 그리고 이것은 인내를 요구한다.

둘째, 직접성이다. 이것은 마음-너머 다음 단계이다. 정신적 과정의 전적인 정지는 시간을 넘은 새로운 차원을 연다. 상까르 (Vivekacūḍāmaṇi: 129)는 "모든 것을 인식하나, 아무것도 인식하지 않는다."라고 한다. 그림스(John Grimes)는 "비록 이것이 감각에 의해 매개되지 않더라도, 실체에 대한 인식은 가장 직접적이다. 인식의 두드러진 속성은 그것의 직접성이다. 이 직접성은 존재의 하나됨이다."[301]라고 한다.

직접성은 시간의 개념이 아니다. 시간 안의 무엇은 반드시 변화를 겪어야 한다. 시간은 근본적으로 변화이다. 인도 철학에 있어 실재성의 전제는 '변화로부터의 자유로움'이다. 명상적 차원은 시간 밖에 있다. 직접성은 명상을 위한 필연적 단계이다. 프롤리 (David Frawley)*는 "진정한 명상은 현재의 순간에 머물기를 요구하지 않고, 현재에 머물기를 요구한다. 현재는 모든 존재 안에 있는 실체이고, 모든 시간 안에, 그리고 그 너머에 있다."[302]라고 한다.

셋째, 하나됨이다. 하나됨은 비非이원성이다. 이것은 우파니샤드와 요가 전통의 정수이다. 바가바드기타(VI.29)는 "요가를 통해 자신의 조화를 이룬 자는 모든 존재 속에 거주하는 실체를 보고, 실체 속에 있는 모든 존재를 본다. 그는 모든 곳에서 같은 것을 본다."라고 한다. 요가 수뜨라(II.33)는 "반대 개념에 의해 장애가 있는 곳에는 명상이 설 수 없다."고 한다. 상까르는 "영적 수련자는 모든 것에서 하나됨을 경험한다. 제한적 부속물들이 제거되었을

때, 하나됨이 홀로 남는다."(Vivekacūḍāmaṇi: 356, 358, 365)라고
한다.

하나됨은 비현상적 차원이다. 이것은 마음과 시간 밖에 있다. 명
상은 실재성 자체이다. 마음-넘어와 직접성은 하나됨을 제공한
다. 하나됨은 '무無'와 동의어이다. 하나됨은 개체성을 허용하지
않는다. 개체성이나 혹 어떤 것은 상반성과 분열에 의존하기 때문
이다. 하나됨은 분열 없음이고, 분열 없음, 또는 나뉨이 없다는 것
은 무無이다. 무는 아무것도 허용하지 않음이다. 무엇이라 언급할
경계가 없음이다. 경계가 없기에 그것은 무이다. 그래서 하나됨은
무이다. 이것이 불교에서 무에 대해 언급하는 이유이다. 하나됨과
무는 모든 현상적 다양성을 관통하는 같은 차원이다. 이것은 배경
차원이다.

명상은 마음이나 이원성에 의해 건드려지거나 긁힐 수 없는 배
경이다. 포웰(Robert Powell)은 "진정한 명상은 집중의 부재이다.
흔히 우리는 집중하지만, 이것은 마음이 작용하는 방식이다. 이것
은 원래 이원적이고, 이원론은 배타의 과정이다. 그러나 만일 당
신이 배타적이지 않다면, 그때 당신은 모든 것 안에서, 모든 것으
로서 당신 자신을 발견할 것이다."303라고 한다.

넷째, 한결같음이다. 이것은 변화를 넘어 있다. 요가 수뜨
라(III.10)는 니로드의 결과는 평정이라고 한다. 삿띠아난다
Satyananda*는 "이것은 마음이 어떠한 방해도 받지 않는 것이

다."[304]라고 하고, 위아스Vyāsa*는 "정신적 과정이 없는 마음의 평정한 흐름이다."[305]라고 한다. 한결같음은 하나됨을 통해 가능하다. 모든 이원적 요동이 가라앉았을 때, 평정이 온다. 명상은 어떤 목적이나 목적지를 필요로 하지 않는다. 그것은 충만함이고, 그저 그렇게 있다.

다섯째, 자각(自覺, awareness)이다. 이것은 인도 전통에서 아는 자(드라쉬따: draṣṭā), 궁극적 지식(위갸나: vijñāna), 배경의식(쁘라갸: prajñā)을 가리킨다. 보는 자는 아는 자이고(Śvetāśvatara U. IV.15, Kauṣi-Brāhmaṇa U. III.8), 실체는 미세한 것을 아는 자에 의해 보인다(Kaṭha U. I.iii.12). 보는 자는 궁극과 하나가 되고(Kaṭha U. II.i.15), 이원성이 없는 보는 자는 브라흐만이다(Bṛhad-āraṇyaka U. I.iv.10, IV.iii.32). 우파니샤드(Muṇḍaka U. III.i.1)의 두 마리 새 중 하나는 달콤한 열매를 먹고, 다른 하나는 지켜보는 자이다.

명상적 자각은 일반적 인식이나 지식, 그리고 의식과 다르다. 이것은 직접적이며 이원성을 넘어서 있다. 요가 수뜨라는 "이것은 최상의 의식 혹은 지식이며(I.48, III.5), 자기 자신이라는 개체의식을 벗어나 있다(III.3)."고 한다. 삿띠아난다는 자각을 정의하길, "물러나서 자신의 정신적, 육체적 행위를 관찰하는 능력이다.[306] 즉 당신이 무엇인가를 행하고 있음을 알고, 그 행위를 관찰하고 있음을 아는 사실이다."[307]라고 한다. 자각은 명상의 마지막 속성이다. 다른 것들은 이 자각 안에서 통합된다.

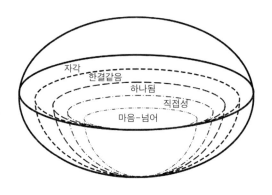

도표 26. 명상의 다섯 속성

②명상의 두 단계

명상이란 용어는 일반적으로 두 가지 의미로 사용된다. 하나는 명상적 훈련이고, 다른 하나는 명상의 상태를 지칭한다. 이 두 의미는 일반적으로 하나의 연속성 속에서 이해될 수도 있다. 전자는 행위로서, 후자는 그 결과로서, 그러나 후자는 전자의 자동적 산물이 아니다. 비록 명상의 상태는 명상적 훈련을 필요로 하지만, 이것이 명상의 상태를 보증하지는 못하기 때문이다. 아디스와 라난다는 '영적 열망은 기계적 수단에 의해 생산될 수 없는 것이다.'[308]고 한다. 엄격히 이 둘은 연속물이 아니다. 그들은 서로 다른 차원에 속해 있기 때문이다. 전자는 현상의 차원(phenomenal dimension)에, 후자는 배경 차원(ground dimension)에 있다.

이 두 단계는 관찰과 자각으로 대변될 수 있다. 관찰은 정신의 활동이고, 그의 노력에 의존한다. 이것은 현상 차원의 경계로 향

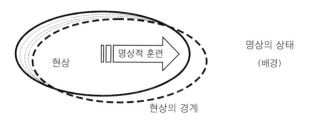

도표 27. 명상의 2단계

하는 적극적 접근이다. 관찰의 목적은 경계를 넘어가는 것이고, 새로운 차원, 즉 배경의식을 준비하는 것이다. 아디스와라난다는 한 가지 주의할 점을 지적하는데, "명상적 상태는 많은 이들이 잘못 믿고 있듯, 마음의 수동적 상태가 아니다. 반대로 이것은 강한 활동과 의식적 상태이다."[309]라고 한다.

　명상의 상태는 현상적 차원의 확장이므로 현상을 포함한다. 이것은 전체이며 배경이다. 자각은 연루됨 없이 단지 현상을 바라보는 것이다.

③명상의 두 도구

요가 수뜨라는 명상의 주된 도구로써 아비아스Abyāsa와 웨라기아Vairāgya를 주장한다. 이것들은 마음을 하나의 집중된 씨앗인 응축된 상태로 이끌고, 최종적으로 이 상태가 함몰되도록 하는 도구들이다. 이것들은 모든 명상적 훈련을 위한 두 개의 축이다.

　아비아스는 일반적으로 지속적인 훈련으로 이해되나,[310] 또한 집중이라는 실질적인 의미를 지닌다. 요가 수뜨라(I.13)에서 위아스와 상까르는 아비아스를 한결같음, 고요, 부동성, 혹은 정신적 과정이 없는 평정으로 해석한다.[311] 다스굽뜨는 '한 상태 안에서의 한결같음(steadiness)'[312]이라 하고, 샷띠아난다는 '영적 노력 안에서의 완전한 고정(stability)'[313]이라 한다. 바라띠(Veda Bharati)*는 '마음이 하나에 집중된 부동성(immobility)으로 돌아가는 것'[314]이라 한다. 아비아스*는 분명 집중을 의미한다.

웨라기아는 훈련이라는 맥락에서 하나의 물러남이다. 이것은 마음으로부터 거리를 유지하는 노력이고, 연루되지 않음이다. 요가 수뜨라는 이것을 설명하기 위해 와쉬까르vaśhīkāra를 사용한다. 이것은 '거부하지도 받아들이지도 않음'[315]이다. 띠르트(Nārāyaṇa Tīrtha)*는 '전적인 중립성'이라 한다.[316] 웨라기아는 단

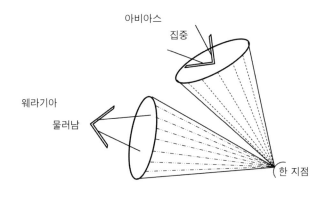

도표 28. 명상의 두 도구

지 물러남 안에서의 바라봄이다. 이것은 모든 현상을 중립적인 것으로 여기는 것이다.

집중은 하나의 지점으로 통합되어 들어가는 것이며, 물러남은 통합된 하나의 지점으로부터 다시 거리를 두는 것이다. 이 두 상반되는 도구가 마음을 훈련시킨다.

④명상의 두 형태

모든 종류의 명상 훈련은 두 형태로 나뉠 수 있다. 이것은 마음의 흐름을 지켜보는 것과 좋은 대상을 생각하는 것이다. 베단타 철학에 의하면, 실체는 마음과 생각을 넘어서 있다.[317] 그래서 마음의 흐름을 지켜보는 것은 직접적인 방법이며, 대상을 생각하는 것은 그 대상을 버려야 하는 또 하나의 단계를 더 필요로 한다. 이것은 다소 간접적이다. 브라흐마난다Brahmananda*는 "마음엔 음식이 주어져야 한다. 이것이 그것을 조용히 시키는 방법이다."[318]라고 한다. 둘 다 대상을 가지고 있지만, 전자는 생각의 흐름 자체를 가지고, 후자는 한 종류의 생각, 생각의 내용, 즉 소리나 영상이 될 수 있는 이미지를 가진다. 명상에서 대상이 가지는 기능은 집중과 물러남을 위한 매개를 제공하는 것이다.

⑤명상의 대상

셀 수 없는 명상의 방법과 대상들이 있다. 때로는 이 사실이 오히려 수련자를 혼란스럽게 한다. 요가 수뜨라(I.39)는 '구미에 당기는 어떤 대상에도 명상하도록 허용하라'고 조언한다. 끄리쉬나난다Krishnananda는 '자신의 마음에 조율된 확고한 시스템'을 강조하고,[319] 삿띠아난다는 '상징, 과정, 혹은 소리는 주의를 고정시키는 매개로서 작용한다. 일반적으로 자각의 매개는 그것이 깊은 의미를 지니고 있을 때, 더 강력하다. 이것이 더 깊은 집중을 얻도록 한다.'[320]고 한다.

명상적 훈련은 하나의 과정이다. 누구나 이 과정을 위해 마음에 어떤 양식을 만들 수 있다. 대상이 무엇인가는 중요하지 않다. 요지는 의식이 작용하는 구조이다. 집중은 강렬하고, 물러남은 분명해야 한다. 이것은 하나의 대상을 통해 가능하다. 명상의 대상은 낡은 차원에서 경계의 마지막 지점이 되어야 한다. 그 대상은 낡은 지점에 속해 있다. 그 대상이 아무리 위대한 것이라 해도, 그것은 하나의 쓰레기로 판명날 것이다. 때로는 대상이 명상의 과정을 망친다. 이것은 그 과정에 하나의 장애가 될 수 있다. 대상은 그 과정의 목표가 아니다. 이것은 단지 디딤돌이다. 목표는 새로운 차원에 속해 있다.

2) 명상의 구조

명상은 두 차원에 걸쳐 있다. 이것은 하나의 과정과, 과정의 완결을 포함한다. 그래서 이것은 자신의 고유한 구조를 가진다. 완결은

한 가지이고, 그래서 구조도 하나이다. 비록 무수한 방법이 길을 제공하나, 마지막 관문은 하나이므로 어떤 길도 이 구조를 벗어날 수 없다. 이 구조를 만족시키지 않는 길은 명상에 이를 수 없다.

구조를 이해하기 전, 마음과 배경의식에 대한 개념이 분명히 구별되어야 한다. 마음은 이 구조의 대상이고, 배경의식은 이 구조의 출발 단계에서 주체로 작용하기 때문이다. 베단타와 요가 전통 안에서의 마음과 배경의식의 정의는 이미 앞(본문 제1장)에서 논의되었다. 마음에 대한 어떠한 분류도 단지 임의적일 뿐이다. 샷띠아난다는 '마음은 나누어지지 않는 하나'[321]라고 한다. 모든 이원적 현상들이 마음이다. 이것은 명상 구조에서 매개의 역할을 한다.

반면, 배경의식은 보는 자이다. 상까르는 "마음(bauddhapra-tyaya)에는 변하지 않는 순수한 바라봄에 의한 생각에 대한 관찰(anudarśana)이 있다."[322]고 한다. 관찰적 의식이 명상 구조의 핵심이다. 심리학적으로 명상의 구조에는 평행하는 생각의 과정이 있다. 하나의 생각이 진행될 동안, 다른 하나는 이것을 지켜보며 그 생각을 따라 움직인다.[323] 카(Wildon Carr)*는 "비록 인간이 무의식에 있더라도 관찰하는 의식이 있다."[324]고 한다.

관찰은 배경의식의 유일한 속성이다. 명상은 관찰에서 시작한다. 관찰은 여전히 마음의 기능인 집중과 물러남이라는 두 대립적 성격을 가지고 있다. 집중은 마음의 '한 지점화'이다. 따시 남걀(Dakpo Tashi Namgyal)*에 의하면, 집중은 '부동성과 명료성'의 두 가지 고유한 성질을 가진다.[325] 물러남은 '한 지점'에 대한 '비동일화' 혹은, 한 지점이 그저 흘러가도록 하는 '놓아둠'이다. 이것은 배경 안으로 녹아 들어가는 것이다. 집중은 깨어 있음이므로 긴장을 만들 수 있다. 물러남은 긴장의 완화이다. 두 상극적 경향성의 역설적 응축이 차원적 초월을 위한 도약을 일으킨다. 이원성의 함몰이 역설적 응축에서 발생한다.

차원의 경계 지점에서 행위와 노력과 긴장이 사라지고, 비이원적 자각이 일어난다. 의도적 집중과 물러남은 단순한 자각(prajña: awareness)으로 바뀐다. 이것은 배경 차원이다. 삿띠아난다는 "명상 훈련의 목적은 명상의 자발적 상태를 유도하는 것이다.[326] 명상 훈련의 본질은 자각을 개발하는 것이다. 자각은 마음 안의 과정을 목격하는 것이다."[327]라고 한다. 명상의 구조는 집중과 물러남, 그리고 자각으로 이루어져 있다.

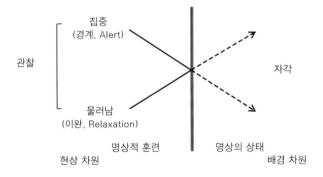

도표 29. 명상의 구조

2. 베단타의 훈련

우파니샤드의 기본적 철학적 전제는 아뜨만과 브라흐만의 동일성(내가 브라흐만이다: aham brahmāsmi; Bṛhad-āraṇyaka U. I.iv.10)이다. 그래서 베단타의 훈련은 브라흐만과의 합일에 초점이 맞추어져 있다. 많은 용어들이 명상과 동의어로 사용되었는데, 우빠산upāsana, 위갼vijñāna, 위디아vidyā, 디얀dhyāna, 디dhī, 드리쉬띠dṛṣṭi, 붇디buddhi가 베단타 전통에서 사용되었다.[328] 비록 용어는 다르지만, 그들은 모두 실체의 차원에 들어가는 과정을 가리킨다. 프롤리는 "베단타의 명상은 마음과 아뜨만 사이의 분명한 구별에 바탕하고 있다. 최종적으로 이것은 마음을 실체에 녹이는 것이다."[329]라고 한다. 베단타의 훈련은 토대와 구조라는 두 측면으로 살펴볼 수 있다.[330]

1) 토대적 측면

토대적 측면은 위베까viveka, 웨라기아vairāgya, 샷뜨삼빳띠ṣaṭsampatti, 그리고 무묵쉬뜨와mumukṣutva 이렇게 네 개의 훈련으로 구성된다.[331]

위베까는 실재와 비실재,[332] 항구성과 일시성 사이의 분별이다.[333] 항구성은 배경이며, 일시성은 다중적 현상이다. 일시성은 시공과 이름과 형태에 조건 지워져 있다. 그들의 변화로 인해 현상은 비실재이다. 상까르는 위베까를 '마음의 흔들림 없는 확신성'[334]이라고 한다. 이것은 지성에 속하는 지식의 일종이며, 명상에 있어 본질적인 요소이다. 이것은 마음과 배경의식의 구분, 현상과 배경 차원의 구분이다. 이 분별이 없으면, 어떠한 훈련도 그 목적을 이루지 못한다. 이것은 운전자가 중앙선을 구별하는 것만큼 중요하다.

아디스와라난다는 '분별(分別, viveka)은 삶의 목적과 우선권에 대한 기본적 숙고熟考의 과정'[335]이라고 한다. 이 과정은 삶에 대한 강한 통찰이고, 배경과 현상 간의 잘못된 동일시를 부수는 과정이다. 현상학의 에포케도 동일한 과정이다.

웨라기아는 행위의 결과에 대한 즐거움을 단념하는 것이다.[336] 이것은 위베까에 의해 가능하다. 이것은 현상에서 배경으로의 물러남이다. 현상의 관점에서 이것은 물러남이고, 배경의 관점에서는 함몰이다. 현상학적 맥락에서는 직접성의 획득이다.

샷뜨삼빳띠는 훈련을 위한 여섯 개의 덕목이다. 샴śama은 잡다한 대상에서 마음을 돌리는 것이다.[337] 상까르는 '목표에 마음을 확고히 놓음'[338]이라고 한다. 이것은 요동치는 마음의 경향성을 잠재우는 것이다.

담dama은 외적 기관을 구속하는 것이다.[339] 감각의 대상으로부터 감각을 거두어들임이다.[340] 이것은 몸에 대한 통제이다. 몸과 마음은 서로 의존적이며, 그들은 훈련을 위해 조화로운 소통이 필요하다.

우빠라띠uparati는 정신적 평정이다.[341] 이것은 샴-담śama-dama
의 결과이다. 일반적 인간은 마음과 몸의 복합체이다. 우빠라띠는
훈련을 위한 전제이다.

띠띡샤titikśā는 대립성에 대한 인내이다.[342] 이것은 대립을 시
정하지 않고 모든 고통을 참는 것이며, 그들의 상처로 인한 걱정
과 슬픔에서 자유로워지는 것이다.[343] 랑가나타난다(Ranganatha-
nanda)*는 이것은 "단순한 표면적 인내가 아니라, 외적·내적으로
긍정적인 성질을 가지는 능력이다."[344]라고 한다. 이것은 쉽지 않
지만, 세계는 진정 하나라는 안목으로 인해 가능하다.

쉬라다śraddhā는 진실에 대한 믿음이다.[345] 믿음은 갑자기 오지
않는다. 이것은 훈련으로 인한 자신의 경험을 통해 서서히 성장한
다. 이것은 받아들일 것인가, 아닌가의 선택의 문제가 아니다. 이
것은 부정할 수 없는 지식이며 분명한 사실이다.

사마단samādhāna은 브라흐만에 대한 지속적인 집중이다.[346] 랑
가나타난다는 "사마단은 철학적 호기심이 아니라, 실체에 대한 내
적인 집중이고, 우리가 그것에 뿌리내리는 것이다. 이 상태는 오
랜 훈련을 통해서 온다. 단지 우리는 이 특정한 방향에 에너지를
투자하고, 내적으로 성장시키려 노력하는 것이다."[347]라고 한다.

네 번째 토대는 무묵쉬뜨와이다. 이것은 영적 자유를 향한 갈망
이다.[348] 이것은 자신의 진정한 본성을 앎으로써, 에고의 욕망으로

부터 자신을 해방하고자 하는 욕망이다.[349] 인간 문명의 모든 종교, 철학, 예술은 해방을 열망한다. 이것은 인간에게 심어진 근본적 욕구이다. 현상학에서는 이 근본적 경향성을 지향성의 개념으로 이해한다.

2) 구조적 측면

이것은 브라흐만에 대한 세 단계 접근이다. 쉬라완Śrāvaṇa은 베다적 언명言名을 들음이고, 마난Manana은 이것에 대한 추론推論이며, 니디디아산Nididhyāsana은 명상冥想이다.[350] 이것은 브리하드-아라니앗끄Bṛhad-āraṇyaka 우파니샤드(II.iv.5 or IV.v.6)에 언급되어 있다.

쉬라완의 언명은 '내가 곧 궁극이다'와 같은 것들이다. 베단타 빠리바시아(Vedānta Paribhāṣā: VIII)는 '듣는다는 것은 베단타 문헌이 유일한 브라흐만을 가르친다는 확신을 가지게 하는 정신적 행위'라고 한다. 들음은 씨앗과 같은 것이다. 문다끄Muṇḍaka 우파니샤드(III.i.8)는 "그의 본성이 지식의 빛에 의해 정화되고, 명상에 의해 홀로 되었을 때 그는 부분이 없는 '그'를 본다."라고 한다. 상까르는 "아무도, 단순히 그 문장을 이해하는 것으로써 슬픔으로부터 자유로워지는 것 같지는 않다."[351]고 한다.

숙고로서의 마난은 '이성적 지식을 생산하는 정신 작용'[352]이다. 베단타 학파(Vācaspati's school)에 의하면, 숙고는 수련자의 의심과 브라흐만에 대한 오해를 제거할 수 있다.[353] 이것은 일종의 마음의 정화이며, 실재성에 대한 확신을 키우고, 명상에서 직접적 경험을 위한 유용한 발판이 된다.

베단타 빠리바샤아Vedānta Paribhāṣā에 의하면, '명상은 대상으로부터 물러남으로 인해, 실체에 마음을 고정시키는 데 도움을 주는 정신 작용이며, 이것은 브라흐만을 깨닫는 직접적 원인'이다.[354] 삿뜨쁘라까샤난다Satprakashananda는 니디디아산 Nididhyāsana을 좀 더 엄격히 설명한다. 그에 의하면, '이것은 지식(jnana)이나 명상(dhyāna)과 다르다. 이것은 궁극적 이해(vijñāna)이다. 궁극적 이해는 일반적으로 브라흐만에 대한 직접적 이해를 의미한다. 이것은 아는 자의 마음이 아니라, 알려지는 것의 본성에 의존하고 있고'[355] '니디디아산의 수련에 있어서 마음은 지속적으로 형태 없는 브라흐만에 방향 지워져야 하고, 어떤 종류의 상징도 사용되어서는 안 된다. 그러나 디얀dhyāna 혹은 우빠산 upāsana으로 알려진 명상은 일반적으로 형태 있는 브라흐만에 대한 수련이다'[356]라고 한다.

삿찌다난덴드르Satchidānandendra* 또한 니디디아산을 디얀으로부터 구분하고 있다. "니디디아산은 마음을 모든 것에서 되돌림으로써 실재에 대한 직접적 안목을 얻는 것이다. 우빠산과의 차이점은, 지식이 일어난 후엔 행해져야 할 것이 아무것도 남지 않는다는 것이다."[357]고 한다. 가우디아빠드(Gauḍapāda kārikās: III.41)는

"마음은 억압하지 않는 노력의 조율 아래 있어야 한다."고 한다. 일반적 의미의 명상인 디얀은 비행위의 차원에 도달해야 한다.

앞서 언급한 '명상의 두 단계'에 의하면, 디얀은 명상적 훈련에 속하고, 니디디아산은 명상의 상태에 속한다. 전자는 개인의 능동적인 노력이고 현상적 차원인 반면, 후자는 직접성이며 배경적 차원이다.

3) 훈련

① 자기 탐구

자기 탐구는 아뜨만-위짜르(Ātman-vichāra: 아뜨만에 대한 명상적 숙고)로 불린다. 이것은 오늘날 라마나 마하리쉬(Ramana Maharshi, 1878~1950)*에 의해 널리 알려졌다. 이것은 직접적이고 단순하게 마음의 성숙과 준비를 요구한다. 이것은 일어나는 모든 생각으로부터 '나[我]'로 하여금 생각의 뿌리를 추적하는 것이다.[358] 자기 탐구의 과정은 다음과 같다.

첫째, 그의 환경에서 외적인 대상으로부터 보는 자를 구별한다.

둘째, 감각 기관으로부터 보는 자를 구별한다.

셋째, 정신적 상태와 보는 자를 구별한다.

넷째, 에고ego와 보는 자를 구별한다.

다섯째, 마음의 모든 내용물이 바다의 파도와 거품처럼 와서는

가도록 허용하며, 실체에 머문다.[359]

프롤리는 "이것은 생각으로부터 자유로운 자각의 바다로 생각의 흐름을 되돌리는 것이다. 우리는 다른 생각을 넘어가기 위해 '나-생각'으로 되돌아가야 한다."[360]고 한다. '나' 혹은 '나의 것'은 주관성의 심리적 상태이고, 자기 구심적 경향이다. 이것은 소유의 중심과 이기심을 낳는다. 한편, '나-생각'은 일종의 씨앗이다. 실제로 이것은 생각의 원천일 뿐 아니라, 일종의 필터이다. 모든 생각은 그 필터를 통해 고유한 색을 지니고, 고유한 자신의 각도를 가지게 된다. '나는 누구인가?' '누가 행위를 하는가?' 등을 통해 자기 탐구는 '나'를 넘어가고, 마음과 에고 안에는 어떤 본질도 없다는 사실을 발견한다.

이 과정은 현상학의 에포케와 유사하다. 이것은 일반적 경험으로부터 가정과 편견을 제거함으로써 직접적 실재와 경험을 얻고자 한다. 생각은 흔히 패턴, 습관, 편견이라는 경향성을 만든다. 그들은 실재를 숨긴다. 자기 탐구는 강렬한 숙고를 통해 직접적으로 니디디아산에 도달하려 한다.

분별 자체는 일종의 집중이다. 집중은 명상의 구조에서 첫째 요소이다. 자기 탐구에서 분별은 지속적으로 보는 자와 환경, 정신적 상태, 에고와의 거리를 유지한다. 이 거리감은 명상 구조의 또 다른 요소인 물러남이다. 자기 탐구는 명상적 구조를 만족시킨다.

②하나에 대한 명상

비이원적 베단타(Advaita Vedānta)는 하나됨을 존재의 최상의 원리로 여긴다. 그래서 베단타 명상은 인간을 이 근원적 통합 상태로 되돌리는 것을 목표로 한다.[361] 까타Kaṭha 우파니샤드(I.ii.12)는 "자기 주시(self-contemplation)를 통해 근본적 신을 깨달음으로써, 지혜로운 자는 기쁨과 슬픔을 뒤로 한다."라고 한다. 이것은 아디아뜨마 요가(adhyātma-yoga)로 알려져 있다. 라다크리쉬난은 이것을 본질적 자아와의 결합으로 해석한다.[362] 찬도기아 Chāndogya 우파니샤드는 "모든 행위를 담으며, 모든 욕망을 담으며, 모든 질서를 담으며, 모든 기호嗜好를 담으며, 이 모든 세상을 품에 안으며(III.xiv.4)…… 땅을 있는 그대로 응시하며, 대기大氣를 있는 그대로 응시하며, 하늘을 있는 그대로 응시하며, 물을 있는 그대로 응시하며, 산을 있는 그대로 응시하며, 신과 인간을 있는 그대로 응시한다(VII.vi.1)."라고 하는데, 이것은 통합, 곧 하나됨에 대한 명상을 언급하고 있다.

상까르에 의하면, '이 하나됨은 개체적 영혼과 순수 의식 사이에 다름이 존재하지 않음'이다.[363] 이 방법은 자기 탐구보다 더 직접적이다. 요기는 즉각적으로 니디디아산*에 함몰한다. 실제로 이 방법을 위해서는 많은 보조적 방법들이 필요하다. 그러나 이런 보조적 훈련들이 역사 속에서 상실되었고, 다른 훈련들에 스며든 것으로 보인다.

166

③네띠, 네띠(neti, neti/is not, is not)

우선, 이것은 철학적 사고를 위한 도구이다. 그럼에도 이것이 명상의 방법인 것은, 부정은 마음의 작용을 감소시키고, 결국 마음의 정지를 유도한다. 아담코바(Alena Adamkova)*는 "네띠, 네띠는 모든 외적·내적 허상(경험적 실재)들을 이름과 형상에 의해 표현되는 모든 가능한 선택이 말라버리는 그 지점으로, 지속적으로 부정하거나 제거하는 방법이다."[364]고 한다.

사색의 과정은 하나의 집중이고, 부정은 현상학에서 에포케가 모든 선입견을 부정하는 것처럼, 외적·내적 그릇된 생각으로부터 물러나는 것이다. 이것은 베다 명상의 세 단계 접근 중 두 번째인 추론을 강조하는 방법이다. 이성적 지식의 마지막 지점을 직면함으로 인해 인간은 이름과 형상을 넘은 영역으로 도약하고, 그는 니디디아산으로 진입한다.

3. 요가의 훈련

베단타의 훈련은 니디디아산의 차원을 통해 궁극적 통합에 이르는 것이 목적이다. 요가의 훈련도 같은 목적을 가지며, 더 나아가 이것은 베단타의 훈련보다 더 구체적이고 체계적이다. 삿띠아난다에 의하면, '요가 수련은 수련자의 자각을 내외적으로 확장하는 것을 의도'하고 있다.[365] 자각은 마음과 몸으로부터 물러나 관찰하는 것이다. 이런 종류의 물러남은 마음의 정지를 통해 가능하다.

위디아라니야Vidyāraṇya*는 지완-묵띠-위베까Jīvan-Mukti-Viveka에서 '중립화된 마음'을 언급하고 있다.[366] 스와아난다 Swahananda*는 '마음의 기능 없음'[367]에 대해 이야기한다. 자각은 마음을 넘어서 있고, 요가 수련은 마음을 통제함으로써 자각을 확장하는 데 초점을 맞추고 있다.

많은 수련의 방법이 있고, 이것은 모두 감각과 생각의 흐름에 관련되어 있다. 이것은 수련이 몸과 마음에서 시작하기에 당연한 것이다. 요가 수련은 그 대상에 따라 세 그룹으로 분류될 수 있다. 소리, 시각, 생각의 흐름이 그것이다. 본격적 훈련을 위해 예비 단계가 있다.

1) 예비 단계

> 오랫동안, 방해 없이, 성심껏 수련되고, 이것이 확고히 자리 잡는다. (Yoga Sutra I.14)

수련은 오랜 기간의 성실한 과정이다. 니란잔아난다Niranjana-nanda*는 수련을 위해 확신, 지속성, 규정성規定性, 그리고 오랜 기간을 요구한다.[368] 요가 수뜨라(III.7)는 얌yama, 니얌niyama, 아산 āsana, 쁘라나얌prāṇāyāma은 삼얌[saṃyama: 집중(dhāraṇā), 명상

(dhyāna), 삼매(samādhi)]에 비해 비교적 예비적 단계라 한다.

①윤리성

얌(개인의 통제에 관한 덕목들)과 니얌(사회관계에 관한 덕목들)은 요가 수뜨라의 여덟 가지 수련 중 기본 요소이다. 그 이유는 명상의 과정은 하나됨을 지향하고 있고, 하나됨은 개체적 동일시를 부수는 것이다. 이런 종류의 붕괴는 비이기성을 필요로 한다. 이기성, 에고이즘, 개체의식은 요가 수련에 가장 큰 장애이기 때문이다.

윤리적 성숙은 첫 발걸음이다. 이것은 윤리적 완벽성을 의미하지 않는다. 이것은 방향성의 문제이다. 윤리적 성숙 없이, 수련자는 자신의 수련에 어떠한 진보도 기대할 수 없다. 수련에 있어서 윤리성은 수련자가 가진 방향성에 대한 정화이다. 잘못된 의도는 수련자를 강한 '자기중심주의자'로 몰아간다.

수련에서 윤리는 도덕적 정화를 의미할 뿐 아니라, 오히려 더 정밀하게는 삶의 단순성을 의미한다. 이것은 외부세계를 향한 생각과 관심의 단순화이다. 수련자는 명상 수련에 자신의 삶을 집중해야 한다. 수련은 자신의 몸과 호흡과 삶이 되어야 한다.

②아산(āsana)

요가 수뜨라(II.46)는 몸의 자세는 확고함과 편안함이라 한다. 근본적으로 아산은 명상을 위한 것이다. 하타 요가처럼 복잡한 어떤 것이 아니다. 삿띠아난다는 "아산은 기원적으로 명상에 도움을 주고자 몸과 마음을 준비하기 위해 발전했다."[369]고 한다. 아엔가 (B.K.S. Iyengar)*는 "아산은 몸을 마음에 연결하기 위한 다리로써 작용한다.[370] 아산을 행할 동안, 뇌의 세포를 이완시켜야 하고, 생체 기관들과 몸의 구조를 형성하는 세포를 활성화시켜야 한다. 그러면 지성과 의식이 각각의, 그리고 모든 세포로 퍼져 나갈 것이다."[371]라고 한다.

아산 이론은 보는 자, 마음, 그리고 몸이라는 인간 구조에 바탕을 두고 있다. 우선, 아산은 '몸과 마음 사이의 대화'이다. 일반적으로 인간은 몸과 마음의 불균형으로 많은 긴장과 충돌을 가지고 있다. 아산은 그 둘의 관계를 조절하고 조화롭게 하며, 명상 중에 발생하는 장애를 제거할 수 있는 가장 적절한 상태로 몸을 준비시킨다.

둘째, 아산에서 관찰은 보는 자, 마음, 몸이라는 인간 구조 안에서의 구분을 분명히 해준다. 비록 이것들이 인간을 형성하지만, 이들의 기능은 상호 분명히 다르다. 이들 안에서 심리적 동일성이 붕괴할 때, 그들은 상호 자유로워진다. 이 자유 안에서 보는 자는 인간 구조를 관통할 좋은 조건을 가진다. 그리고 자각이 확장되고 강해진다.

니란잔아난다는 아산에 있어서 네 개의 다른 신체적 상태에 대해 설명한다. 일반적 몸의 자세, 유연성, 내적 시스템의 자세에 대

한 적응, 그리고 아산에 대한 마음의 집중이 그것이다.[372] 삿띠아
난다는 "아산의 정확한 실행은 그의 전 존재를 투신함이다."[373]라
고 한다. 자세가 어떤 것이든, 자각이 아산의 핵이다. 아산은 명상
을 위해 몸과 마음을 준비시키며, 이것은 또한 하나의 명상 방법
이 될 잠재성을 가지고 있다.

③ 쁘라나얌(prāṇāyāma)

쉬웨따쉬와뜨르Śvetāśvatara 우파니샤드(II.9)는 호흡의 억제나 감
소에 대해 언급한다. 요가 수뜨라(II.49)에 의하면, 쁘라나얌은 들
숨과 날숨, 그리고 호흡의 정지로 이루어져 있다. 아디스와라난다
는 '핵심은 호흡의 정지'라고 한다.[374] 이것은 날숨과 들숨보다 길
며, 쁘란prāṇa*이 이때 몸과 동화를 이룬다. 쁘란은 생명의 힘이고,
아얌āyāma은 상승, 뻗음, 확장 등을 의미한다. 삿띠아난다는 "쁘라
나얌은 몸 안에서 쁘란의 흐름을 조화시키는 것이며, 마음에 고요
를 가져온다."[375]고 한다.

쁘라나얌은 몸과 마음에서 에너지 균형을 이루고 조화시키는
것이다. 요가 수뜨라(II.51)는 날숨과 들숨, 그리고 호흡 정지에 자
각을 추가한다. 요가 수뜨라(II.51.53)는 쁘라나얌은 자각과 집중
을 위한 것이라 강조한다. 아산에서처럼 쁘라나얌은 명상을 위해
몸과 마음을 준비시킨다.

그런데 쁘라나얌에는 한 가지 주의할 점이 있다. 삿띠아난다는

"쁘란을 조절하는 것은 마음이지, 쁘란이 마음을 조절하는 것은 아니다."[376]라고 한다. 아디스와라난다는 "빠딴잘리는 호흡의 억제로 외부와의 소통이 단절되었을 때, 마음이 자연스럽게 고요해진다고 주장한다. 그러나 상까르에 의하면, 호흡은 전적으로 마음에 의존하지 그 역이 아니다."[377]라고 한다. 인도 전통에 의하면 쁘란은 인간의 구조에 있어 마음보다 낮은 수준에 있다. 인간의 모든 수준이나 차원이 긴밀히 연결되어 있지만, 낮은 수준이 높은 수준을 통제할 수 없다. 홀아키*의 원리에서 낮은 홀론*은 높은 홀론의 기능을 통제할 수 없다. 이것은 우주의 법칙이다.

호흡의 정지 차체는 명상에 있어 어떤 기능도 하지 않는다. 호흡의 지속성은 가장 본능적 현상이다. 그래서 호흡 정지는 강한 의도와 집중 없이는 굉장히 어려운 행위이다. 호흡 정지는 근본적으로 명상 구조의 한 축인 집중을 요구한다. 호흡을 억제할 때 마음의 요동이 가라앉는 것은 호흡의 횟수가 줄어들면서 생각의 양이 줄어드는 것이 아니라, 호흡을 억제할 때 자동적으로 집중을 동반하기에 여러 생각에 흩어지는 에너지가 한 곳에 모인 것뿐이다. 이것으로 인해 빠딴잘리는 호흡으로 마음을 통제할 수 있다는 착각을 한 것이다. 우리는 매일 격렬한 호흡 속에서 무수한 명상 상태를 경험한다. 깨어 있는 의식은 호흡과 무관하다. 결국, 쁘라나얌의 목적은 명상이라는 맥락에서 볼 때 집중을 의미한다.

2) 소리

명상의 전통에 있어 소리는 기초적 요소이며, 일반적으로 신을 찬양하는 영창(咏唱, chant)의 형태로 오랜 역사를 지니고 있다. 인도 전통에서 모든 경전은 리그베다시대부터 낭송되고, 명상되었다. '리그베다의 단어(單語, vāk)는 브라흐만이다(I.iii.21). 그리고 단어는 브라흐만과 같은 시공에 있다(X.114.8).'[378] 인도 전통은 "단어가 세상의 근원이고, 생각을 담는 운반체이며, 의식의 한 형태이다.[379] 세상은 소리의 진동(nāda)에 의존해 있으며, 소리는 모든 물질의 씨앗이다."[380]라고 한다. 소리는 세상의 깊은 차원과 연결되어 있다. 소리와 관련된 많은 방법이 있으나, 잡japa과 나드 nāda 요가가 요가 수련에서 대표적이다.

① 잡(Japa)

잡은 만뜨르(眞言, mantra)의 헌신적인 반복이다.[381] 더 나아가 자각을 가진 운율적 만뜨르의 반복이다.[382] 만뜨르는 '인간의 의식에 영향을 주는 소리 진동의 한 집단'[383]이다. 만뜨르는 잡의 씨앗이고, 내적이며 정신적 상징을 만들 수 있다. 그래서 삿띠아난다는 "이것은 마음에 깊은 인상을 주는 것이어야 한다."[384]고 한다.

잡의 근간은 인간이 지속적으로 같은 생각을 하기 힘들다는 사실에 있다.[385] 그래서 지속적이고 체계적인 반복이 필요하다. 이것은 의식의 깊은 층에 공명해야 하고, 이 진동은 그가 만뜨르 읊조

리기를 멈춘 후에도 오랫동안 지속되어야 한다. 이것은 심리학에서 '분자 진동'[386]이라 알려져 있다.

잡의 기능은 집중이며,[387] 자각을 개발하는 것이다.[388] 잡은 인간을 신속히 그리고 자동적으로 내향적으로 만들 수 있다.[389] 이 목적을 위해 잡은 총체적 헌신에 의존한다.[390] 잡은 소리를 통해 육체적·심리적 진동의 공명을 유도하고, 이 공명은 인간의 모든 차원을 조율하며 일치로 이끈다. 마음은 자동적으로 단순성에 가라앉는다. 단순성은 집중을 위한 힘이다.

잡의 유형은 견해에 따라 다르게 분류되지만, 일반적 형태는 여섯 가지다. (1) 와찌까-잡Vachika-japa은 소리의 반복이다. (2) 우빰수-잡Upamsu-japa은 혀와 입술만을 움직이는 준-소리 반복이다. (3) 마나스-잡Manasa-japa은 정신적 반복이다. (4) 리키따-잡Likhita-japa은 만뜨르를 필기하는 것이다. (5) 아칸드-잡Akhanda-japa은 멈춤 없이 특정 횟수만큼의 반복이다. (6) 아자빠-잡Ajapa-japa은 모든 순간과 매 호흡에 정신적으로 행하는 잡이다.[391] 유형은 부분적으로 잡의 발전적 과정을 가리키고 있다. 처음에 수련자는 거친 진동을 이용하다가, 점진적으로 섬세한 진동으로 바꾸어 간다. 이것은 잡이 하나의 물러남이라는 중요한 사실을 지적하고 있다. 하나의 공명은 블랙홀처럼 모든 외적·내적 요동을 삼킨다.

잡의 핵심은 집중과 물러남이다. 지속적인 반복은 집중을 유도한다. 반복의 과정에서 그는 생각을 억압하지 않는다. 생각들이

오도록 허용하며, 단지 만뜨르의 진동과 공명시킨다. 이질적 진동
은 동화되든지, 아니면 튕겨 나간다. 모든 것을 허용하며, 수련자
는 그것들로부터 물러난다. 진동이 수련자를 삼킨다.

② 나드 요가(Nāda yoga)

나드는 일반적으로 소리를 의미하고, 어원학적 의미는 의식의 흐
름이다.[392] 메이뜨리Maitrī 우파니샤드는 "엄지로 귀를 막음으로써
그들은 가슴 안에 있는 공간의 소리를 듣는다."[393]라고 한다. 나드
요가는 소리 명상의 진보한 단계이다. 이것은 직접적으로 우주적
소리를 찾는다. 삿띠아난다는 "나드 요가에서 수련자는 잡에서 하
듯 특정한 소리를 만들지 않는다. 인식되는 소리를 허용하며, 동
시에 발생하는 내적인 소리에 귀를 기울인다. 그리고 정신적이고
더 미세한 표현을 통해 소리 이면의 그 원천을 추적한다."[394]라고
한다. 수련은 다음과 같고, 이것은 하나의 예이다.

> 엄지로 양 귀를 막는다.
> 깊게 숨을 들이쉬고, 뱉을 동안 콧소리(humming)를 만든다.
> 자신의 머리 전체에 울리게 한다.
> 마음을 전적으로 그 소리 진동에 맞춘다.
> 지금, 콧소리를 멈춘다.
> 미세한 소리를 들으려 노력한다.

현재의 주도적 소리에서 그 배경에 있는 다른 소리를 들을 수
있다.

첫 번째 소리가 떨어져 나가게 한다.

그 뒤에 있는 또 다른 소리에 집중한다.

이런 과정을 계속 진행한다.

자각을 새로운 소리에 맞춘다.

이 새로운 소리가 자신의 전 관심을 지배하도록 한다.

이제, 서서히 외부세계로 돌아온다.[395]

나드 요가의 목적은 궁극적 소리를 인식하는 것이다. 이 수련은
아주 강한 집중을 요하며, 그 과정에서 정신적 영역에 많은 긴장
이 발생할 수 있다. 그래서 몸과 마음에 충분한 이완이 필수적이
다. 이것은 하나의 물러남이다. 비록 의도가 집중을 하더라도 모
든 것이 흐르도록 놓아둔다. 단순히 집중하고 그들을 놓아 보낸
다. 다른 표현으로는, 깨어 있으며 이완한다. 이것은 어떤 종류의
기다림이며, 총체적 수동성이다. 실제로 궁극적 소리는 하나의 진
동이 아니다. 진동은 에너지이며 현상이다. 궁극적 소리는 진동을
넘어 있으며, 그것은 배경이다.

3) 시각

명상은 구조적으로 하나의 대상을 필요로 한다. 만뜨르*는 소리

를 통한 방법인 반면, 이미지(시각적 상징)는 시각적 방법이다. 이미지는 명상의 대상으로 광범위하게 사용되었는데, 인간의 인식 비중이 시각에 많이 편중되어 있고, 이미지가 쉽게 마음의 관심을 끌며, 인간은 시각적 대상에서 보다 편안함을 느끼기 때문이다.

　이미지의 기능은 집중을 위함이다. 아디스와라난다에 의하면, '일반적 사람은 마음을 집중하기가 쉽지 않다. 그래서 이미지는 마음의 집중을 돕는다.'[396] 시각적 방법은 대상을 응시하는 것과 내적 대상을 투사하는 것으로 나눌 수 있다. 전자의 예는 뜨라딱 Trāṭaka이며, 후자는 시각화이다. 뜨라딱 수련은 다음과 같으며, 한 예이다.

　　눈을 깜박임 없이 한 대상을 강하게 응시한다.
　　꼭 깜박여야 한다면, 그때 깜박인다.
　　한동안 이 응시를 계속한다.
　　그리고 눈을 감는다.
　　그 대상의 잔상을 시각화한다.
　　전적으로 그 잔상만을 의식하도록 한다.
　　어떤 정신적 환영이 일어나면, 단지 지켜보는 자로 행동하며,
　　그것들이 가도록 놓아두며, 무관심하게 바라본다.
　　대상의 잔상이 흐려지면, 눈을 뜨고 다시 대상을 응시한다.
　　그리고 다시 눈을 감고 내적 이미지를 응시한다.

외적 뜨라딱과 내적 뜨라딱을 반복한다.

그리고 눈을 뜨고 이완한다.[397]

선명한 잔상을 만드는 것은 직접적으로 집중과 관련이 있다.[398] 시각화는 눈을 감은 상태에서 가능한 선명한 정신적 이미지를 만들고, 그 이미지에 녹아드는 것이다. 삿띠아난다는 "시각화의 기본 목적은 마음을 단일 이미지에 모으는 것이다."[399]고 한다.

이미지화가 집중을 위한 강력한 측면이 있다는 것은 사실이다. 그럼에도 몇 가지 주의할 점과 약점이 있다. 위디아란Vidyāraṇa은 "그는 한 전사가 전투에서 칼로 적을 베어 넘기듯이, 자신의 마음의 칼로 끊임없이 나타나는 이미지를 베어버린다."[400]고 한다. 요가 문헌의 하나인 위갼 베이라와(Vijñāna Bhairava: 146)는 "명상은 흔들림 없는 자각이고, 형태가 없으며, 아무런 보조물이 없다. 명상은 이미지적 시각화에서 이루어지지 않는다."[401]고 한다. 아디스와라난다는 "이미지화는 명상에서 하나의 역할이 있으나, 바른 이해 속에서는 이미지화란 없다."[402]고 한다. 오스틴(James H. Austin)*은 "생각이나 이미지화의 과정을 통해서는, 어느 누구도 깨달음에 이를 수 없다."[403]고 한다.

프롤리는 이미지화의 다른 측면을 경고하는데, "시각화는 그가 원하는 것을 얻거나, 에고의 목적을 위해서는 사용되지 말아야 한다. 그것은 우리를 더 깊은 욕망의 영역에 묶어 둘 것이다."[404]라고 한다. 그는 이미지화가 에고를 강하게 만들 수 있음을 지적하고 있다. 그리고 시각화의 치명적 결함은 명상의 구조에서 물러남이 결여되어 있다는 것이다.

물러남 없는 집중은 부작용을 일으킨다. 집중은 정신적 힘을 개발할 수 있고, 수련자는 그 힘에 집착하고, 이것은 그의 에고를 강화시킨다. 이것은 명상과 반대 방향에 서 있다. 이미지화를 수련하는 자는 현명해야 할 것이다. 여기에 윤리의 중요성이 있다.

4) 생각-흐름

생각-흐름을 이용하는 방법은 요가 전통에서는 안따르 마운Antar Mauna으로, 불교에서는 위빠싸나vipassana*라고 한다. 안따르는 '내부', 마운은 '침묵'을 의미한다. 상까르는 "지속적인 능동성의 흐름을 부수기 위해서는 많은 노력이 필요하고, 마음을 주의 깊게 살펴야 한다. 그리고 의욕을 뿌리 뽑기 위해서는 세상일을 마치 바깥에 있는 것처럼 무심하게 바라보아야 하며, 동시에 자신의 마음을 면밀히 살펴야 한다."[405]고 한다. 아라니아(Hariharānanda Āraṇya)*는 "수련자가 자신의 마음을 능동성으로부터 자유로운 어떤 것으로 다룰 수 있을 때, 그 침묵의 비어 있는 마음은 세심한 응시를 할 수 있는 대상이 된다. 그는 점진적인 의욕의 물러남을 자각해야 한다."[406]고 한다.

실제로 이것들은 안따르 마운에 대한 설명이다. 삿띠아난다는

"이것은 정신적 소음을 제거하기 위해, 그리고 마음에 고요를 유도하기 위해 고안되었다."[407]고 한다. 안따르 마운은 아주 단순하고 직접적이다. 단지 자각으로 마음을 바라본다. 그래서 비교적 부작용이 없고, 문화와 시대에 관계없이 모든 이에게 적용할 수 있다. 이 수련은 두 상황으로 나누어질 수 있는데, 눈을 뜬 것과 감은 상황이다. 그 과정은 다음과 같다.

(1) 외부 환경에 대한 자각

깨어서 그 순간의 외부 환경을 자각한다.

감각적 경험이 방해를 하든, 않든 상관하지 않는다.

마음을 통제하지 않는다.

경험이 오고 가도록 놓아두며, 단지 외부세계에 깨어 있다.

선택하지 않는 자각이 있도록 한다.

(2) 자발적 생각-흐름에 대한 자각

눈을 감는다.

어떤 생각도 선택하지 않으며, 자발적으로 일어나도록 허용한다.

자각하며, 단지 생각을 관찰한다.

어떤 생각에도 맞서지 않는다.

선택하지 않는 자각이 있도록 한다.[408]

위에서 언급한 바와 같이, 이 수련은 거의 모든 상황에서 가능하다. 관찰의 대상이 생각이든, 외부 경험이든 그들은 모두 생각의 흐름이다. 감각적 인식은 결국 하나의 생각으로 전환되기 때문이다. 그래서 위의 두 상황은 사실 같은 것이다.

안따르 마운*의 과정에서, 수련자는 마음이 공백이 되는 경험을 할 수 있다. 삿띠아난다는 이것이 사마디(samādhi, 三昧)와 다른 것이라 설명한다. '이것은 마음의 뚜껑을 눌러 고정시킨 것과 같다.'[409] 이것은 일종의 억압이다. 비록 표면적 마음의 활동성이 가라앉은 것처럼 보이나, 여전히 중압감과 압력에 대한 저항이 있다. 이것은 인위적인 것이다. 또한 이 수련 과정에서 어떤 영상을 볼 수도 있다. 삿띠아난다는 "억압 없이 그것들이 일어나도록 놓아두라, 이러한 영상들 또한 고갈되어야 한다."[410]고 한다.

이 수련의 주된 초점은 자각이다. 삿띠아난다는 경고하기를, "당신은 생각하는 자가 아닌, 보는 자가 되도록 해야 한다. 이것은 당신이 마음을 잃어버려야 한다는 것을 의미하지 않는다. 반대로, 마음 안에서 일어나는 모든 것에 강렬하게 깨어 있어야 한다. 그러나 어떤 경험에도 연루되어서는 안 된다."[411]라고 한다. 그가 의미하는 바는, 수련자는 마음을 탐닉해서는 안 된다는 것이다. 위빠싸나는 있는 그대로의 것을 보는 것이다.[412] 수련자는 모든 것을 허용하고, 어떠한 찌꺼기도 남지 않도록, 그들이 그저 흘러가도록 해야 한다. 거기에 단지 자각만이 있다.

안따르 마운은 두 측면을 가지고 있다. 우선은 이것이 집중을 발달시키고, 다음은 선택하지 않는 자각의 상태에 머물게 한다.[413] 안따르 마운의 절묘함은 물러남이다. 이것은 모든 현상으로부터 거리를 두게 한다. 이 기술이 원하는 유일한 것은 거리감이다. 안따르 마운은 명상의 구조인 집중과 물러남을 만족시키고 있다.

4. 훈련의 종합

명상에서 결코 잊지 말아야 할 기본적 사실은, 명상은 현상의 차원과 비현상의 차원에 걸쳐 있다는 것이다. 명상의 과정은 두 차원을 가진다. 그래서 수련자는 비록 그것이 극복되어야 할 것이지만 물질적 측면을 간과해서는 안 된다. 물질은 명상을 위한 출발점이다. 진정한 명상은 현상세계를 버리는 것이 아니라, 두 차원 사이의 관계를 이해하고, 그 경계를 허무는 것이다. 명상은 두 차

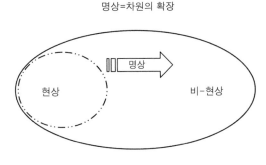

도표 30. 차원의 확장인 명상

원의 통합이고 조화이다.

이런 맥락에서, 상키아 요가와 베단타 요가는 다른 관점을 가지고 있다.[414] 상키아에 의하면, 순수 자아의 깨달음(self-realization)은 비非자아로부터의 자아의 완전한 철수이다. 이것은 쁘라끄리띠(prakṛti: 객관적 우주)로부터 뿌루샤(puruṣa: 개별적 영)의 완전한 격리이고, 마음은 그 자아에서 분리되어야 한다.[415] 반면, 베단타 요가에 의하면, 자아의 깨달음은 마음으로부터 자아를 떼어놓지 않는다. 마음은 브라흐만에 순응한다. 이 양식에 의해, 자아는 브라흐만인 '비이원적 의식'으로 드러난다. 그리고 마음은 브라흐만 안으로 녹아든다.[416] 두 시스템에 있어, '자아-깨달음(self-realization)'의 내포, 즉 의미하는 바가 다르다. 아디스와라난다에 의하면, 상키아 요가는 '무엇으로부터의 자유'를, 베단타 요가는 '무엇 안에서의 자유'를 추구한다.[417]

문다끄Muṇḍaka 우파니샤드는 "명상은 부분 없이 전체를 보는 것이며(Ⅲ.i.8), 그 모든 것 속으로 들어가는 것이다(Ⅲ.ii.5)."고 한다. 아디스와라난다는 "명상의 목적은 궁극적 실재성과의 소통이나 합일이다."[418]라고 한다. 삿띠아난다는 "명상은 의식을 확장하고, 외적 존재를 초월하며, 무한한 원천과 하나가 되는 수단이다."[419]라고 한다. 명상의 목적은 내적인 잠재성을 통해 개체의 동일성을 초월하는 것이다. 다른 표현으로 이것은 개인의 구심적 경향성을 초월하고, 인간의 원심적 경향성, 즉 자기 초월성을 통해 전체와 하나가 되는 것이다.

　명상의 주된 기술은 집중과 물러남이다. 집중만 있으면 명상이 아니다. 물러남 없는 집중은 자기 동일성을 강화시킨다. 집중의 기능은 선박의 엔진처럼 명상을 위한 힘의 원천이고, 물러남은 선박의 키이다. 그들은 공동 작업으로 배의 힘과 방향을 조정한다.

　이런 맥락에서, 물러남은 빠딴잘리 요가의 쁘라띠아하르Pratyā-hāra*를 의미하지 않는다. 이것은 오히려 웨라기아Vairāgya를 의미한다. 쁘리띠아하르는 마음의 방향을 바꾸는 것이다. 이것은 마음 안에서의 초점의 전환이다. 이것은 여전히 마음이나 현상의 차원에 갇혀 있다. 쁘라띠아하르는 환경으로부터 명상의 대상으로 물러나는 것이다.

　반면, 웨라기아는 명상의 대상에서 배경으로의 물러남이다. 웨라기아는 마음과 현상의 차원을 넘어 있다. 이것은 초점의 전환과 같은 것이 아니다. 이것은 무한으로의 확장이다. 웨라기아는 현상으로부터 거리를 두는 것이다. 이것은 차원을 바꾸는 문제이다. 쁘라띠아하르의 물러남은 하나의 차원 안에서 일어나는 이동이고, 웨라기아의 물러남은 하나의 차원을 초월해 넘어가는 것이다.

　차원들의 관계를 이해하는 것이 명상을 위해 중요하다. 인간의 초월은 차원들 사이에서 이루어지는 일이기 때문이다. 명상은 차원을 넘어가는 방법이고, 동시에 초월의 최종 상태이다.

제5장

요가적 인간

1. 요가적 삶의 의의

요가적 인간은 자기 초월 현상이다. 다중차원에 복잡하게 얽혀 있는 이 현상은 '근본 차원의 획득'이라는 선천적 과제를 안고 있다. 이것은 이원성과 다중차원으로부터 자유로워지는 것이다. 요가적 삶은 인간을 배경의식, 즉 통합된 차원으로 이끄는 요가적 훈련을 통해 하나됨으로 초월하는 것이다.

인간 현상은 차원들로 엮여 있고, 이들은 두 차원으로 분류될 수 있는데, 다중과 통합, 현상과 비非현상, 마음과 배경의식 등이 그것이다. 현상의 세계 없이 인간을 설명하는 것은 불가능하다. 인간은 현상 외에 아무것도 아니며, 이 현상은 끊임없는 변화이며,

무작위의 해석적 확률이다. 인도 전통은 이 확률에 마야māyā라는 이름을 붙였다.

세상의 현상은 경향성을 가지고 있다. 경향성의 한 가지 속성은 방향성이다. 방향성은 관계와 선택으로 이루어져 있다. 경향성은 카르마, 자유의지, 고통, 그리고 윤리의 주제를 야기한다. 카르마는 축적된 경향성이고, 이것은 자신의 역사와 방향을 가지면서 현상을 제한한다. 그러나 확률이 현상에 참여하고, 경향성은 단지 하나의 변수일 뿐이다. 비록 현상이 확률 속으로 열려 있지만, 경향성이 현상의 흐름을 주도한다.

인간 현상의 경향성 중 다른 하나의 속성은 확장이다. 이것은 욕망이나 의도(意圖, intention)로 표현된다. 이것은 마음이 대상과 의미에 방향 지워져 있다는 것을 볼 때 분명한 사실이다. 인간은 항상 더 크고, 복잡한 무엇을 원한다. 요가적 인간에 있어서는, 이것은 통합 차원을 향한 초월이다. 초월은 이전 수준이나 낮은 수준을 던져버리는 것을 의미하지 않는다. 이것은 포함하고 확장한다. 인도 전통에서 빠라para는 일반적으로 최상, 혹은 높은 것을 의미하지만, 인도의 요기 스와미 람Swami Rama은 "빠라para라는 단어는 바깥이 아닌, 안과 넘음을 가리킨다."[420]고 한다. 초월은 요가적 삶의 주된 속성이다. 요가적 초월은 모순적인 다중차원에서 통합된 차원으로의 확장을 의미한다. 초월에 대한 요구는 선천적이다. 이것이 '자기 초월 현상'에 '자기(self)'가 붙은 이유이다.

초월의 방법론이 요가적 수련이다. 주된 수련은 명상 수련이다. 명상 수련만이 낡은 경향성을 극복하고 자각을 일깨운다. 자각은 몸과 마음을 한 걸음 물러나 바라보는 것이다. 삿띠아난다는 "인간에게서 이 바라보는 원리가 요가에서 자각이다."[421]라고 한다. 요가의 정점은 자각(awareness)이다.

요가적 삶은 차원의 초월을 향한 지속적 수련이다. 라다크리쉬난은 "요가의 단어는 다양한 뜻을 지니나, 이것은 단순히 '방법'을 의미한다."[422]고 한다. 요가에 있어서 방법은 하나의 과정이고 훈련이다. 요가는 이론적 철학이 아니다. 이것의 속성은 '직접성'이고 '살아가는 것'이다. 인간의 경향성은 굉장히 강해서, 강렬하고 지속적인 훈련이 필수적이다. 차원의 초월은 직접성을 자각하는 것이지, 어떤 것을 생각하는 것이 아니다. 이것은 자신의 생생한 삶에서 실현되고 실제화되어야 한다. 요가적 삶은 요가 수련을 통해 차원의 통합에 이르는 것이다.

2. 요가적 삶의 태도

요가적 삶이 차원의 통합을 위한 초월이라면, 인간은 어떻게 자신의 매일의 삶을 대해야 하고, 요가적 인간으로서 무엇을 해야 하는가?

전통적으로 갼 요가(Jnana-yoga: 지혜), 카르마 요가(Karma-yoga: 행위), 박띠 요가(Bhakti-yoga: 헌신)가 요가의 주요한 방법론으로 여겨진다. 이것들은 방법론이며, 동시에 요가적 삶을 이끄는 지침이다. 내관(內觀, introspection)으로서의 라자 요가Raja-yoga는 자각을 증진시키는 직접적 방법이고, 앞의 세 가지 요가와 분리될 수 없게 연계되어 있다. 내관은 세 가지 요가를 위한 자양분이다.

삶에 대한 요가적 태도는 '집중과 물러남'이다. 이것은 명상 수련의 핵심적 기술이면서, 동시에 요가 수련자의 '존재 방식'이다. 요가 수련자의 전 삶이 하나의 명상이 되어야 하기 때문이다.

1) 방법론 – 걍, 카르마, 박띠 요가
① 지혜의 요가
걍 요가는 아뜨만Ātman과 브라흐만Brahman의 속성을 깨닫는 것이다. 걍 요가의 철학적 바탕은 '우주의 모든 것은 하나다'[423]라는 것이다. 이런 종류의 지식은 지성이나 논리적 추론에서 오지 않고, 강렬한 탐구에 의한 즉각적 영감에서 온다. 삿띠아난다는 "모든 개념과 도그마와 관념을 버리고, 아무것도 믿지 말라.[424] 그 답을 깨달을 때까지 스스로 답을 찾아야 한다."[425]고 한다. 영적 지혜는 보편적이고 통합적인 것이다. 모든 문화와 시대와 생각을 넘어 누구에게나 작용하는 자연의 원리이다. 이것은 개념과 사고와 학문으로 얻어지지 않는다. 영적 지혜는 인간과 자연을 총체적으로 꿰뚫는 앎이다. 비경험적 지식은 쓸모가 없다. 단지 명상만이 도움을 준다. 수련자는 오직 자신의 탐구에 집중해야 하며, 개념과 이미지의 원천인 이원성에서 물러나야 한다.

②행위의 요가

카르마 요가는 보상에 대한 어떠한 기대도 없이 행위를 하는 것이다. 철학적 바탕은 '자체로 어떤 특정한 영적 행위도 없다. 다만 모든 행위는 영적으로 행해져야 한다.'[426]는 것이다. 카르마 요가는 자선, 비살생, 정직 등의 특정 행위를 강요하지 않는다. 이것은 카르마 요가가 행위 자체에는 관심이 없고, 행위의 태도나 방식에 관심이 있음을 가리킨다. 기대감을 제거한다는 것은 에고의 힘을 감소시키는 것인데, 이것은 에고가 기대감의 주체이고, 마음의 구심적 중심이기 때문이다. 에고는 또한 집착의 근원이다.

이 목적을 위해 카르마 요가는 집중과 물러남을 요구한다. 수련자는 구심적 경향성에 깨어 있어야 하고, 집착으로부터 거리를 두어야 한다. 행위의 순간에 마음의 깊은 곳에서 무엇이 작용하고 있는지를 인지해야 한다. 그 행위의 출발점을 솔직하고 명확히 볼 수 있어야 한다. 그곳에서 기대감과 집착이 보인다면, 이제 그것으로부터 물러날 수 있어야 한다. 여기서 기대감은 단순히 결과에 대한 긍정적 전망이 아니라, 보상에 대한 기대를 의미한다. 이것은 항상 이기적 찌꺼기를 남긴다. 행위는 비이기적으로 이루어져야 하며, 그 과정에서 마음의 작용을 객관화시키는 훈련을 해야 한다. 물러남이 훈련되어야 한다. 샷띠아난다에 의하면, '행위, 생각, 상황의 세계는 하나의 시험장, 곧 작업장이다.[427] 수련자는 내적인 영적 경험을 매일의 삶과 연결시켜야 하고, 자신의 생각과 행위를 연결해야 하며, 그래서 마음이 자신을 방해하기보다는 돕도록 해야 하며, 최종적으로 마음이 하나에 모아지고, 높은 자각이 되어야 한다.'[428]고 한다.

카르마 요가는 마음을 변형시키는 방법이다. 마음은 인간 삶에 있어 자신의 고유한 기능을 가지고 있다. 그리고 또한 마음은 몸과 배경의식을 화합시키는 자이다. 단지 에고(ego, 自我)와 개체의 과도한 동일시가 문제를 야기한다. 카르마 요가는 역동적이고 종합적인 방법론이며, 수련자의 성숙도를 가늠할 수 있는 척도가 된다. 카르마 요가는 '행위(action)'와 '비행위(非行爲, inaction)'의 역설을 포함해야만 하는 절묘한 예술이다. '행위' 안에 있으며, 동시에 '비행위'적이어야 한다. 이것은 동양의 '무위無爲' 개념과 정확하게 동의어이다. 카르마 요가는 집중과 물러남의 균형으로 이 역설을 관리한다.

③헌신獻身의 요가

박띠 요가는 헌신을 통해 자신의 에고를 신성神性에 녹이는 것이다. 철학적 바탕은 '개체성과 에고는 제거되어야 하고, 감성이 가장 좋은 출구다'[429]라는 것이다. 박띠 문헌 바가와뜨Bhāgavata에 의하면, '지식과 행위의 기관을 포함하는 마음의 모든 에너지가, 마치 본능적이고 어떠한 여분의 동기도 사라진 완전한 자발성이 최상의 존재에 방향 지워진 통합된 정신적 양식에 집중되었을 때, 이러한 마음의 상태가 박띠'[430]라고 한다. 박띠가 한 지점에 대한 지속적 집중임을 유추할 수 있다. 삿띠아난다는 "박띠의 목적은 한 대상에 대한 강한 집중을 개발하는 것이다. 자신의 모든 에너지는 한 방향에 모아져야 한다."[431]고 한다.

다른 한편으로, 박띠는 물러남이다. 삿띠아난다는 "박띠는 에고와의 동일시로부터 수련자를 떼어 놓는다."[432]고 한다. 박띠는 소유所有에서 물러나 전체와 하나됨이다. 헌신은 집중과 물러남의 두 얼굴을 가졌다.

2) 요가적 삶을 위한 지침

걍 요가, 카르마 요가, 박띠 요가는 요가를 이끄는 지침이다. 이들은 표면적으로는 서로 다르게 보이나, 그 구조와 본질은 같다. 해석에 대한 개념과 강조하는 초점이 다르다. 이들은 상호 보완적이며 같은 차원에 도달한다.

① 지혜와 행위

상까르는 "최상의 통합(統合, Mukti)은 지혜(jñāna)를 통해서만 얻어질 수 있다. 아무것도 새로운 것이 얻어지지 않고, 단지 무지(無知, ajñāna)만 제거되면 되기 때문이다."[433]라고 한다. 이것은 분명 옳은 언명言明이다. 그러나 지혜는 현상의 차원 안에서 시간과 과정을 필요로 한다. 지혜는 뇌 안에서 정보의 이미지인 '지혜에 대한 지식(jñāna-knowledge)'에서 시작한다. 하나의 인식된 내용으로서의 '지혜에 대한 지식'은 입증되고 성숙되어야 하며, 행위를 통해 확고히 되어야 한다. 지혜는 느닷없이 번개에 맞듯 일어나지 않는다.

행위는 '지혜에 대한 지식'에서 지혜로 가는 과정에 존재하는 매개이다. 라마누즈Rāmānuja*는 "카르마 요가와 갼 요가는 함께 수련되어야 하고, 이것이 바가바드기타 첫 여섯 장의 핵심 가르침이다."[434]라고 했다. 오로빈도Aurobindo*는 "행위가 점점 욕망이 줄어들고, 평정한 마음이 되며, 희생적이 될 때 지식이 성장하고, 그 지식의 성장으로 영혼이 욕망 없이 헌신적인 평정한 행위에 확고해진다."[435]고 한다. 띨락(B.G. Tilak)은 "지혜는 행위가 이루어지기 전까지는 완전해지지 않는다."[436]고 했다. 삿띠아난다는 "들쭉날쭉한 삶과 그 경험은 깊은 지식을 아는 데 사용되어야 한다."[437]고 한다. 아비나와굽뜨Abhinavagupta*는 "행위 없는 지식은 없고, 지식 없는 지성적 행위는 없다. 지식과 행위는 하나가 되어야 한다."[438]고 한다. 바가바드기타(II.51)는 "행위의 열매를 포기하며 그들의 지성이 신성과 하나 된 자는 슬픔 없는 상태에 도달한다."고

했다.

②행위와 헌신

카르마 요가와 박띠 요가의 본질은 에고로부터 물러남이다. 카르마 요가가 구심적 경향성에 깨어 있으며 그 경향성으로부터 물러남에 주의를 기울일 동안, 박띠 요가는 그 구심적 경향성에서 물러나며 신성에 초점을 집중하고 있다. 카르마 요가는 에고로부터의 물러남이고, 박띠 요가는 신성으로의 물러남이다. 결국 두 요가는 같은 것이다. 박띠 요가가 그 끝 지점에 신성을 자리 잡게 하는 반면, 카르마 요가는 그저 거리를 두며 자각하고 있다. 차이점은 수련자의 경향성과 카르마에 따를 뿐이다.

③헌신과 지혜

박띠 요가는 지혜 없이는 불가능하다. 진정한 헌신은 지혜에서 온다. 단순한 '지혜에 대한 지식'은 충분하지 않다. 지혜가 숙성될 때까지, 헌신은 단지 표면적이다. 그는 단지 헌신에 대해 생각하지, 헌신하지 않는다. 그는 자신을 전적으로 투신하지 않고, 마음 한구석에서 늘 의심하고 있다. 그에게는 확신이 없다. 단순한 지식은 인간을 변형시키지 못한다. 지식은 생각일 뿐이다. 인간은 본능적으로 생각이 허상임을 안다. 평생 그것에 속아왔기 때문이다. 그래서 신뢰하지 않는다. 그래서 투신하지 않는다. 그래서 사랑하

지 않는다. 사랑과 투신과 신뢰는 앎에서 비롯한다. 여기서 앎이
란 그것과 함께 존재한다는 것이다. 그것과 하나가 됨이다. 지혜
만이 의심을 제거할 수 있다. 아는 자는 드물다. 그래서 진정한 헌
신자는 드물다. 지혜는 자연스럽게 수련자를 헌신으로 이끌고, 헌
신은 지혜를 성숙시킨다.

④지혜, 행위, 헌신

요가적 삶에서 걈, 카르마, 박띠 요가는 서로 나누어지지 않아
야 한다. 그들은 상호 연관되어 있고, 하나의 유기적 구조를 이룬
다. 아베다난다는 "마음이 기쁨의 대상에 집착하지 않았을 때, 베
단타 가르침의 도움으로, 지고의 존재에 대한 진정한 믿음과 헌
신이 영혼에 들어온다. 그 믿음과 헌신으로부터 진정한 지식, 우
주의 실재성에 대한 지식이 온다."[439]고 한다. 브록킹톤(John L.
Brockington)*에 의하면, '만일 행위가 여여如如한 것에 대해 충분
한 자각으로 행해진다면, 이 요가는 또한 지혜의 요가이다. 그리
고 이런 사욕이 없는 행위는 신성에 대한 조건 없는 자기 투신을
통해서만 가능하다. 이것은 또한 헌신의 요가'이다.[440] 삿띠아난다
는 "그들은 하나의 순환을 이루는 과정이고, 서로가 서로를 돕는
다."[441]고 한다.

지혜, 행위, 헌신은 요가적 삶에 방향을 제시한다. 요가적 삶은
차원의 초월이다. 이것은 경향성의 집합체인 에고로부터 통합 차

원으로의 초월이다. 이 세 가지 요가는, 에고가 인간 현상의 본질이 아니고 요가적 인간이 전체적이고 통합된 차원을 목표로 하고 있음을 지적하고 있다. 요가적 삶의 주된 과제는 에고를 관리하는 것이다. 영적 성숙은 에고의 관리 여하에 있다.

3) 자양분滋養分 – 집중과 물러남

우파니샤드에는 많은 역설들이 있다. '안도 없고 바깥도 없고 (Bṛhad-āraṇyaka IV.5.13), 먼 것보다 더 멀고 그리고 바로 여기에 (Muṇḍaka III.1.7), 아는 자에게는 이해가 안 되고 이해를 못하는 자에게는 알려지는(Kena II.3)' 등이 그것이다. 이런 역설은 통합된 차원을 가리킨다. 그러나 이원성의 세계에서는 여전히 수수께끼이다. 이 의문들이 요가적 삶의 과제이다. 해결은 통합된 차원에서만 가능하다. 일반적 인간의 견해는 논리적 이원성에 바탕하고 있다. 반면, 요가적 견해는 본능과 논리와 영감의 통합성에 근거한다. 통합된 견해는 집중과 물러남에서 시작한다. 논리에 의해 대립하는 두 지점을 넘어, 제3의 지점을 발견하는 과정이 '집중과 물러남'이다. 이것은 중립 지점을 유도한다. 이 중립성은 두 사건의 절충안이 아니다. 이것은 새로운 사건이며, 새 차원을 여는 것이다. 집중과 물러남의 양방향은 집착하는 마음의 경향성을 감소시킨다. 집중과 물러남은 마음으로부터 자유로워지는 유일한 방법이다.

바가바드기타(VI.32)는 "기쁨이든 고통이든, 그 안에서 동일성을 보는 자, 그가 진정한 요기(요가수행자)다."라고 한다. 평상심은 요가적 삶의 근본 속성이다. 위베까쭈다마니(Vivekacūḍāmaṇi 433)*는 "세상 모든 곳을 동등한 눈으로 보는 것이, 살아 있으며 해방을 얻은 자의 특성이다."라고 했다. 집중과 물러남의 태도는 요가적 삶의 시작이며 끝이다. 이 태도가 마음의 모든 구심적 경향성인 에고를 부수고, 평상심으로 이끈다. 지혜, 행위, 헌신의 요가는 집중과 물러남과 함께 작용한다. 요가적 삶은 모든 현상의 차원을 포함하고, 통합된 차원은 그들이 펼쳐지는 마당이다. 상까르는 "세상에 있으나, 세상이 되지는 말라."[442]고 한다. 요가적 삶은 현상과 비현상의 두 차원에 걸쳐져 있다. 집중과 물러남은 이 두 차원 사이의 문이다.

3. 현상(現象, Phenomena) 안에서의 수련

요가 수련은 현상 안에서 현상으로부터 자유로워지는 기술이다. 이것은 카르마 요가의 슬로건인 '행위 안에서의 비행위(inaction in action)'와 같다. 요가는 세상을 거부하지도, 지옥에서 탈출하여 천국으로 달려가지도 않는다. 요가는 전체를 품는다.

현상세계는 분열과 모순과 투쟁의 전쟁터이다. 그래서 요가는 현상에 통합과 조화를 제공한다. 후설의 현상학에 의하면, 에포케

(판단정지)는 분열을 일으키는 해석에서 벗어나 현상의 바탕을 발견하려 노력한다. 그는 직접성을 통해 그 바탕에 도달하려 했으나, 두 가지 이유로 실패했다. 첫째, 그는 세상을 부정했고, 둘째, 개별적 인격성(personality)에 갇혀 있었다.[443] 실제로 현상학적 과정은 요가적 수련과 굉장히 유사하지만, 단지 무엇인가를 놓치고 있다. 후설은 유일한 인간 존재의 매개인 현상을 던져버리고, 동시에 현상의 소비자인 에고ego에 매달림으로써 딜레마에 빠졌다. 그는 현상을 부정하고 싶어 했음에도, 여전히 선과 악의 차원에 남아 있었고, 그럼에도 오직 하늘만을 추구했다. 최소한 그의 현상학에서는 그렇다. 요가는 현상을 받아들이고 에고를 버린다.

통합된 차원에 대한 안목은 오랜 역사를 통한 고대 현자들의 수련의 결과인 '요가적 지식'에서 온다. 수련 없이 통합된 차원에 도달하기는 불가능하다. 그래서 요가는 추론이 아닌, 삶을 요구한다. 요가 수련은 현상 안에서 이루어지며, 본능(instinct)과 이성(rationality)과 영감(inspiration)의 차원이 모두 통합되어야 한다. 인간의 전인적 측면이 함께 수련되어야 한다. 끄리쉬나난드 Krishnananda에 의하면, '반요가(half-yoga)는 생각할 수 없으며, 요가를 행함은 자신의 전 존재를 바치는 것'이다.[444] 요가 수련은 주로 몸과 마음의 관리와 관계되어 있다. 전자는 아산과 쁘라나얌, 그리고 몇 가지 보조적 방법들이고, 후자는 명상 수련이다. 그러나 이들은 실제 삶에서 분리될 수 없고 통합되어 있다.

아옌가(B.K.S. Iyengar)는 "아산은 몸과 마음, 그리고 마음과 영혼 사이의 다리로써 작용한다. 아산을 통해 수련자는 유한한 몸을 알게 되고 충분히 실현시키며, 이것을 무한에 병합한다. 그리곤 알려지는 것도, 알려지지 않는 것도 없는, 단지 아산만 전적으로 존재한다."[445]고 한다. 라다크리쉬난은 육체적 수련의 이유를, "요가 심리학은 추측하기를, 의식적 마음 외에도 무의식적이지만 정신적으로 활동적인 영역이 있다. 요가의 땁(Tapa: to burn or heat, 열정적 노력)은 이러한 무의식의 영역에 있는 요소들을 조절하는 것을 목적으로 한다."[446]고 설명한다. 현대의 정신의학자 세부쉬(Steven Sevush)*는 신경조직에 있는 각각의 뉴런은 독립적으로 의식적임을 제안했다.[447] 이것은 '의식의 단일 뉴런 이론'으로 알려져 있다.[448] 이 이론은 왜 육체적 수련이 필요한지를 뒷받침한다. 의식은 심리학적 마음과 관계할 뿐 아니라, 인간의 몸 전체와 관계하고 있다. 마음은 단일 뉴런의 수준에서 상호 접촉하고 있다.

아산은 의식과 직접적으로 연결되어 있다. 아산은 안정적 자세를 위한 것일 뿐 아니라, 또한 명상이다. 아산은 집중의 힘을 개발하는 심리적 통합을 증진시킨다. 그래서 아산 자체는 하나의 명상 방법이 될 수 있다. 인간의 몸은 자신의 오랜 경향성을 저장하고 있다. 몸과 마음과 배경의식의 상호 대화는 오래된 경향성을 관리하는 데 도움을 준다. 아산은 대화를 위한 마당이다. 신체적 수련은 요가 훈련의 한 축인데, 이것은 몸이 인간을 구성하는 한 요소이며, 각각의 세포가 의식과 밀접히 관련되어 있기 때문이다. 명상 혹은 통합을 향한 여행은 인간의 세포에서 시작한다.

요가 수련의 다른 축은 명상 수련이다. 명상의 본질은 자각이고, 자각을 위한 수련적 기술이 '집중과 물러남'이다. 이들은 같은 것이나, 이론적으로 나누어질 뿐이다. 요가적 삶은 자각을 요구하고, 이것 없이는 더 이상 요가가 아니다.

요가 수련은 오랜 기간을 요한다. 수련자의 무의식에 깊이 뿌리 내린 경향성 때문이다. 그래서 요가 전통은 땁tapa과 넘치지도 모자라지도 않는 적정(適正, moderation)을 강조한다. 땁은 성실성과 관련이 있고, 적정은 조화와 관련이 있다. 상까르는 땁을 '마음과 감각의 집중'[449]이라 했다. 랑가나타난드는 '노력과 분투'[450]라고 했다. 각 해석자들에 의해 땁이 무엇이라 설명되든, 이것은 인도 전통에서 자신의 전 존재를 투신함을 의미한다. 바가바드기타(VI.16,17)는 요가적 삶에서 적정을 요구한다. 적정은 음식, 잠, 환경 등에 적용된다. 이것은 현상이라는 다양성 안에서의 균형을 의미한다. 요가 수련자는 긴 영적 여정에서 땁과 적정에 깨어 있어야 한다.

수련은 차원의 초월을 위해서이다. 이것이 전 삶의 과제이다. 비록 현상의 세계에는 많은 장애들이 있지만, 인간은 자기 초월 현상으로서 선천적 잠재성을 지니고 있다.

나오기

문화와 종교와 철학에 따라, 인간에 대한 많은 기원과 정의들이 있다. 이것들은 단지 그들의 위치와 상황에 근거한 해석일 뿐이다. '어느 것이 진실로 받아들여져야 하느냐'의 문제가 아니다. 그들은 모두 그들 자신의 맥락 속에서 가치를 가지고 있다. 중요한 요지는 '현재의 인간이 어떠한 모습을 하고 있느냐'이다. 그 모습의 이해를 통해, 우리는 인간이 어디로 가고 있는지를 추론할 뿐이다.

요가 전통에 의하면, 인간은 자기 초월 현상이다. 이것은 권위에 의해 강요되는 도그마가 아니다. 이것은 고대 현자들이 자신들의 현재 속에서 얻은 지식이고, 오늘날 각 수련자들 또한 자신의 현재에서 스스로 확인해야 하는 지식이다. 인간의 기원이 무엇인지는 중요하지 않고, 확인할 길도 없다. 의미를 가지는 것은 현재의 인간이다. 현재의 인간은 스스로 자신의 현상을 초월해야 하는 하나의 구체적 현상으로 존재한다. 이것은 역설처럼 들린다. 그러나 모든 요가의 문헌과 현자들에 의하면, 이 역설이 인간이다. 인간은 자기 초월 현상이다.

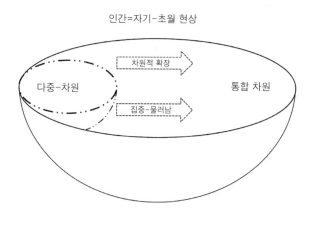

인간=자기-초월 현상

차원적 확장

다중-차원

통합 차원

집중-물러남

도표 31. 인간 현상

　요가 경전은 인간에 대한 그들의 견해를 제공한다. 그것은 분명하고 강렬하다. 즉 '인간은 전체와 하나'이다. 우파니샤드를 보면, 인간은 근본적으로 초월을 향한 방향성을 가지고 있다. 바가바드기타는 세상과 그 다양성을 받아들이고, 혼돈의 현상 안에서 합일을 발견한다. 합일의 과정은 초월이다. 세상은 초월을 위한 기회이거나 작업장이다. 초월은 인간의 속성이고, 권리이다. 요가 수뜨라에서 인간은 현상의 정점에 있는 마음을 경작한다. 그리고 인간은 배경의식을 향해 차원의 확장을 시도한다. 확장의 방법은 아비아스(Abhyāsa: 집중)와 웨라기아(Vairāgya: 물러남)이다. 요가 수뜨라는 요가적 초월을 위해 구체적 방법을 제시하고 있다. 요가 와시쉬트Yoga Vāsiṣṭha에 의하면, 인간은 단지 마음이고, 더 나아가 환각(hallucination)이다. 그럼에도 인간은 초월을 향한 잠재력을 가지고 있으며, 마침내 자신이 우주 의식임을 스스로 드러낸다.

인간의 초월은 배경의식을 드러낸다. 이 목적을 위해 인간은 스스로 자신의 현상들을 이해해야 한다. 인도 전통에 의하면, 현상 세계는 마야māyā로 불렸다. 마야는 인간의 의식에 나타나는 존재이다. 이것은 본질이 없다. 그럼에도 이것은 인간의 존재 방식이다. 존재는 카르마에 의존한다. 카르마는 지속성과 경향성으로 이루어진 중립적 관계성이다. 고통은 인간 조건의 하나이다. 이것은 자신의 태도에 따라 성숙의 기회가 될 수도 있다. 인간의 성숙은 자유의지로 인해 가능하다.

자유의지는 모든 인간에게 허용되어 있지 않다. 요가 경전은 경고하기를, 깨어 있지 않으면 자신이 가진 경향성의 제물이 될 것이라 한다. 그래서 요가적 수련이 의미를 가진다. 이것은 자유의지를 획득하는 수단이다. 요가 수련이란 의식적으로 경향성에 방향을 부여하는 것을 의미하기 때문이다. 사르트르는 "인간은 충만한 존재가 아니기에 자유롭다."고 한다. 요가 전통은 자유를 넘은 궁극을 제시한다. 이것은 인간에게 목적지를 제공하고 있다. 요가적 목적지는 일반적 의식의 초월이다. 이것은 자기동일성을 멈춤으로써, 현상에서 비非현상으로의 차원적 확장이다. 이 확장의 과정이 인간의 행위이고, 이것은 윤리성에 관계된다. 윤리란 인간 행위에 대한 방향성과 판단기준을 담고 있기 때문이다.

요가적 윤리는 수직과 수평의 축을 가진 구조이다. 이것은 윤리성의 유일한 동기인 하나됨을 그 원천으로 한다. 이것은 윤리의 수직적 측면인데, 그것의 목적 지향성으로 인해서이다. 하나됨은 요가적 윤리에 이유와 의미를 제공한다. 하나됨은 요가적 삶의 목표이다. 비이기성은 행위에 있어 윤리적 판단의 기능적 기준이며, 수평적 측면을 형성한다. 윤리적 판단은 도덕적 완벽성이나 평가 자체에 있지 않고, 균형의 관점 위에서 작용한다. 요가적 윤리의 역할은 요가 수련자에게 올바른 방향을 제시하는 것이다.

인간 현상은 끊임없는 혼돈의 바다이다. 차원적 접근은 질서와 조화를 발견하려 한다. 차원은 특정 원리가 작용하는 하나의 장이고, 이것은 기능적 범주이다. 모든 현상은 자신의 차원을 가진다. 이것은 각 현상이 다른 원리하에 있다는 것을 의미한다. 현상들은 서로 충돌하는 것이 당연한데, 이것은 그들의 차원이 다르기 때문이다. 이 차원의 혼돈은 통합 차원에서 조화를 이룬다. 이것은 실재성이며 배경이다. 차원적 접근의 의의는 이원성과 다양성을 극복하는 가능성을 제공하며, 현상적 혼돈의 통합을 위한 기회를 여는 것이다.

근본적으로 인간은 '통합'과 '다중'이라는 이중차원을 가진다. 전자는 유일한 실재성이고, 브라흐만이며, 실체-배경의식-축복이다. 후자는 현상, 실체-마음-분열이다. 마음은 분열로 향하는 해석적 양식이고, 배경의식은 모든 분열을 삼킨다. 현상은 브라흐만에 대한 해석적 양식이다. 현상이 인식론적 차원인 반면, 브라흐만은 존재론적 차원이다. 마음은 단지 다름만을 인식하고, 이것은 다중차원을 가진다. 그럼에도 마음은 배경의식으로 인해 가능성을 가지며, 이 가능성은 마음을 초월하고 분열을 통합한다. 통합의 방법은 요가적 훈련이다. 요가적 초월은 차원의 초월을 의미한다.

명상은 요가적 초월을 위한 방법론이다. 명상은 현상에서 비현상으로의 차원적 초월이다. 초월은 확장이지, 이동이 아니다. 이동이란 하나를 포기하고, 새로운 하나를 얻는 것을 의미한다. 반대로 초월은 이전 차원을 포함하는 통합과 합일이다. 명상은 구조적으로 현상과 배경이라는 두 차원에 기초하고 있다.

집중과 물러남은 명상의 주된 기술이다. 집중은 한 지점에 대한 마음의 몰입이고, 물러남은 몰입된 한 지점과의 동일시를 부수는

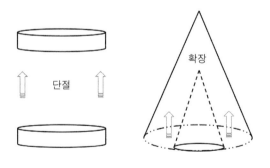

도표 32. 이동과 초월

것이다. 이 둘은 여전히 현상의 차원에 속한다. 상반된 경향성의 역설적 응축이 현상과 비현상이라는 두 차원의 경계를 녹인다. 그리고 자각이 일어난다. 이것은 명상의 본질이고 통합된 차원이다. 명상은 차원적 구조에서 집중과 물러남 그리고 자각으로 이루어져 있다.

인간은 현상이다. 이것은 본질이 없음을, 변화임을, 나타남임을, 경향성임을 의미한다. 인간 현상은 경향성의 흐름이며, 요가는 이들 중 하나에 초점을 맞춘다. 이것은 선천적 잠재성이며, 차원의 확장을 가리킨다. 요가는 차원적 확장을 초월이라 부른다. 이것은 자연에 의해 주어진 씨앗과 같은 것이다. 그래서 요가적 인간은 자기 초월 현상이다.

이 현상은 차원의 초월을 지향하고, 이것은 통합 차원에서 완료된다. 이것은 전체이고 하나이다. 이 과정은 일종의 진화와 같다. 그래서 요가적 삶은 하나를 향한 진화라 할 수 있다. 이 진화는 끊임없는 훈련이며, 직접적이고, 살아가는 행위이다. 요가적 삶은 요가적 훈련을 통해 차원의 합일을 이루는 초월이다.

지혜, 행위, 헌신의 요가는 요가적 삶에 방향성을 제시한다. 이들은 표면적으로 다르게 보이나, 그 구조와 본질은 같다. 이들은 에고가 인간 현상의 본질이 아니며, 요가적 인간은 통합차원을 향하고 있음을 가리킨다. 요가적 삶의 과제는 에고를 관리하는 것이다. 영적 성숙은 에고의 관리에 달려 있다.

삶에 대한 요가의 태도는 집중과 물러남이다. 이것은 명상 수련의 핵이면서, 요가 수련자의 존재 방식이다. 집중과 물러남의 양방향은 마음이 가진 집착의 경향성을 감소시킨다. 집중과 물러남은 에고를 관리하고, 요가 수행자를 자각 안에서의 평상심으로 이끈다. 이것은 중립 지점을 유도하고, 새로운 차원을 연다. 그것은 통합된 차원이고, 차원의 합일이다. 이것이 요가적 삶이다.

주

1 Thomas McEvilley. *The Shape of Ancient Thought – Comparative Studies in Greek and Indian Philosophies*. pp.286, 273.

2 Hermann Oldenberg. *The Doctrine of the Upanisads and The Early Buddhism*. p.165.

3 Ibid. p.164.

4 Śvetāśvatara Upaniṣad (VI.13), Maitrī Upaniṣad (VI.25)

5 Arthur Berriedale Keith. *The Religion and Philosophy of the Veda and Upanishads*. Vol.II. p.589.

6 S. Radhakrishnan. *Indian Philosophy*. Vol.II. pp.309-310.

7 Thomas McEvilley. *The Shape of Ancient Thought – Comparative Studies in Greek and Indian Philosophies*. pp.54-55.

8 Sartre distinguishes 'Being-in-itself' as the transcendent being which is self-conscious or pre-reflective consciousness, and 'Being-for-itself' as the reflective consciousness which becomes aware of something. cf. Krishna Roy. *Subjectivity in Science – Interpretations of the Cartesian Project*. pp.121-122.

9 Krishna Roy. *Subjectivity in Science*. p.130.

10 J.P. Sartre. *Being and Nothingness*. translated with an introduction by H.E. Barnes, Metheun & Co. Ltd., London, 1957, p.LXI. recited from Krishna Roy. *Subjectivity in Science*. p.119.

11 S. Radhakrishnan. *Indian Philosophy*. Vol.I. p.20.

12 Thomas McEvilley. *The Shape of Ancient Thought–Comparative Studies in Greek and Indian Philosophies.* p.277.

13 S. Radhakrishnan. *The Principal Upanisads.* p.544.

14 Nikhilananda. *The Upanisads.* Vol.4. p.48.

15 Ibid. p.50.

16 cf. Kaṭha U.(I.iii.1) and Śvetāśvatara U.(IV.6)

17 S. Radhakrishnan. *The Principal Upanisads.* p.686.

18 Ibid.

19 Arvind Sharma. *Advaita Vedanta.* p.80.

20 Ibid. p.18.

21 S. Radhakrishnan. *Indian Philosophy.* Vol.I. p.33.

22 Ibid. p.225.

23 Ibid. p.228.

24 Ibid. pp.451-452.

25 Ibid. p.444.

26 S. Radhakrishnan. *The Bhagavad Gita.* p.26.

27 Ibid. p.175.

28 Franklin Edgerton. *The Bhagavad Gita-translated and interpreted,* 2Vol. (bound in one).Vol.II. p.37.

29 S. Radhakrishnan. *The Bhagavad Gita.* p.289.

30 Erich Frauwallner. *History of Indian Philosophy.* Vol.I. p.322.

31 S. Dasgupta. *A History of Indian Philosophy.* Vol.I. p.216.

32 Ibid. p.221.

33 Yoga Sūtra (I.23-28)

34 S. Radhakrishnan. *Indian Philosophy.* Vol.II. p.287.

35 Ibid. p.335.

36 Hariharananda Aranya. *Yoga Philosophy of Patanjali with Bhasvati.* p.105.

37 Erich Frauwallner. *History of Indian Philosophy.* Vol.I. pp.257-258.

38 Tejobindu Upanisad (VI.1)

39 Erich Frauwallner. *History of Indian Philosophy*. Vol.I. p.248.

40 Ibid. p.249.

41 S. Radhakrishnan. *Indian Philosophy*. Vol.II. p.251.

42 T.R. Anantharaman. *Ancient Yoga and Modern Science – History of Science, philosophy and culture in Indian Civilization*. p.70.

43 Hariharananda Aranya. *Yoga Philosophy of Patanjali with Bhasvati*. p.381.

44 Ibid. p.389.

45 B.K.S. Iyengar. *Light on the Yoga Sutras of Patanjali*. p.103.

46 Satyananda. *Four Chapters on Freedom*. p.139.

47 B.K.S. Iyengar. *Light on the Yoga Sutras of Patanjali*. p.20.

48 Satyananda. *Four Chapters on Freedom*. p.139.

49 Ibid. p.140.

50 Ibid. p.141.

51 Tervor Leggett. *Sankara on the Yoga-Sutras*. pp.174-175.

52 Satyananda. *Four Chapters on Freedom*. p.59.

53 Tervor Leggett. *Sankara on the Yoga-Sutras*. p.98.

54 B.K.S. Iyengar. *Light on the Yoga Sutras of Patanjali*. p.60.

55 Satyananda. *Four Chapters on Freedom*. p.65.

56 O.R. Krishnaswami. *Patnajali's Yoga Philosophy*. p.86.

57 Tervor Leggett. *Sankara on the Yoga-Sutras*. p.99.

58 Hariharananda Aranya. *Yoga Philosophy of Patanjali with Bhasvati*. p.46.

59 Ibid. p.47.

60 Tervor Leggett. *Sankara on the Yoga-Sutras*. p.64.

61 S. Radhakrishnan. *Indian Philosophy*. Vol.II. p.319.

62 Tervor Leggett. *Sankara on the Yoga-Sutras*. pp.243-244.

63 Ibid. p.245.

64 Hariharananda Aranya. *Yoga Philosophy of Patanjali with Bhasvati*.

p.192.

65 Georg Feuerstein. *The Yoga Tradition*. p.401.

66 S. Dasgupta. *A History of Indian Philosophy*. Vol. II. pp.232-234.

67 Georg Feuerstein. *The Yoga Tradition*. p.402.

68 S. Dasgupta. *A History of Indian Philosophy*. Vol. II. p.235.

69 Georg Feuerstein. *The Yoga Tradition*. p.402.

70 S. Dasgupta. *A History of Indian Philosophy*. Vol. II. p.236.

71 Venkatesananda. *The Supreme Yoga*. Vol.I. p.129.

72 Ibid. p.9.

73 Ibid. p.124.

74 Ibid. p.280.

75 Ibid. p.161.

76 Ibid. p.184.

77 Ibid. Vol.II. p.488.

78 Ibid. p.468.

79 Ibid. Vol.I. p.125.

80 Ibid. Vol.II. p.739.

81 Ibid. p.738.

82 Ibid. Vol.II. p.431.

83 Ibid. p.387.

84 Ibid. p.469.

85 Ibid. Vol.I. p.27.

86 Ibid.

87 Ibid. p.30.

88 Ibid. p.28.

89 Ibid. p.29.

90 Ibid. p.30.

91 S. Dasgupta. *A History of Indian Philosophy*. Vol. II. p.253.

92 Ibid. pp.50, 64.

93 Ibid. p.126.

94 Ibid. p.184.

95 Ibid. p.49.

96 Ibid. p.43.

97 Ibid. p.49.

98 The controversy about this concept already occurred between two early Buddhist: Vasubandhu and Vātsīputrīyas. According to Vasubandhu, there is no subject of experience. Through the relation of experiences there is only the interpretation of experience, thus there are only experience. According to Vātsīputrīyas, there is a responsible subject in experience and there is experience respectively.

Cited. S. Dasgupta. *A History of Indian Philosophy*. Vol. II. pp.58-62.

In Advaita Vedānta schools, Prakāśānanda (A.D. 1550-1600) argued Dṛṣṭi-Sṛṣṭi-Vāda (dṛṣṭi: seeing, sṛṣṭi: creation, vāda: theory). According to this theory, each person creates for himself his own illusion, and there is no objective datum. The illusory perception of each happens for him subjectively and has no corresponding objective phenomena as its ground. Seeing or knowing is creating. The world is created the very moment I see or know it. Both happen simultaneously. The existence of objects is nothing more than their perception.

Cited. Ibid. p.221; cf. Bhaskarananda. *Journey from Many to One*. p.65.

99 O'Flaherty, Wendy Doinger. *Karma and Rebirth in Classical Indian*. p.xii.

100 S. Radhakrishnan. *Indian Philosophy*. Vol.I. p.104.

101 S. Dasgupta. *A History of Indian Philosophy*. Vol.I. p.22.

102 O'Flaherty, Wendy Doniger. *Karma and Rebirth in Classical Indian Traditions*. p.xiii.

103 O. N. Krishnan. *In Search of Reality*. p.73.

104 Hermann Oldenberg. *The Doctrine of the Upanisads and the Early Buddhism*. p.65.

105 O'Flaherty, Wendy Doniger. *Karma and Rebirth in Classical Indian Traditions*. p.xiii.

106 Pravrajika Vrajaprana. ed. *Living Wisdom*. p.22.

107 S. Dasgupta. *A History of Indian Philosophy*. Vol.I. p.52-53.

108 Ibid. p.52.

109 A. B. Keith. *The Religion and Philosophy of the Veda and Upanishads*. Vol.II. p.562.

110 Erich Frauwallner. *History of Indian Philosophy*. Vol.I. p.303.

111 S. Dasgupta. *A History of Indian Philosophy*. Vol.I. p.257.

112 The Ramakrishna Mission Institute of Culture. *Vedanta – Concepts and Application*. p.34.

113 S. Radhakrishnan. *Indian Philosophy*. Vol.II. p.492.

114 S. Dasgupta. *A History of Indian Philosophy*. Vol.I. p.258.

115 Ibid. Vol.II. p.160.

116 Ibid. p.3-4.

117 Ibid. p.221.

118 Margaret Chatterjee. *Philosophical Enquiries*. p.161.

119 Ibid. p.224.

120 The Ramakrishna Mission Institute of Culture. *Aspects of Vedanta*. p.59.

121 Satchidanandendra. *The Method of the Vedanta*. p.215.

122 S. Radhakrishnan. *Indian Philosophy*. Vol.II. p.492.

123 Ibid. Vol.I. p.312.

124 S. Radhakrishnan. *The Bhagavadgita*. p.48. cf. *Indian Philosophy*. Vol. I. p.492.

125 S. Radhakrishnan. *Indian Philosophy*. Vol.II. p.337.

126 Erich Frauwallner. *History of Indian Philosophy*. Vol.I. p.330.

127 S. Radhakrishnan. *Indian Philosophy*. Vol.II. p.592.

128 S. Dasgupta. *A History of Indian Philosophy*. Vol.I. p.440.

129 Harold G. Coward & David J. Goa. *Mantra*. pp.8-9.

130 S. Radhakrishnan. *Indian Philosophy*. Vol.I. pp.312-313.

131 V. Hanson & R. Stewart and S. Nicholson. *Karma*. pp.12-16.

132 Ibid. p.171.

133 Ibid. p.184.

134 S. Radhakrishnan. *Indian Philosophy*. Vol.I. pp.373-374.

135 Kedar Nath Tiwari. *Classical Indian Ethical Thought*. p.119.

136 Ibid. p.126.

137 Ibid.

138 Ibid. p.101.

139 Ibid. p.105.

140 Ibid.

141 Arthur Berriedale Keith. *The Religion and Philosophy of the Veda and Upanishads*. Vol.II. p.587.

142 S. Radhakrishnan. *Indian Philosophy*. Vol.I. p.168.

143 Ibid. p.485.

144 *Foundation of Indian Culture* (1984).Vol.I; *Spiritual Vision and Symbolic Forms in Ancient India*. pp.71-72, cited from Saral Jhingran. *Aspects of Hindu Morality*. p.9.

145 Saral Jhingran. *Aspects of Hindu Morality*. p.12.

146 Ibid. p.13.

147 Ibid. p.14.

148 Ibid. p.15.

149 John Grimes. *Sankara and Heidegger*. p.130.

150 S. Radhakrishnan. *Indian Philosophy*. Vol.I. p.187.

151 Ibid. Vol.II. pp.584, 573.

152 S. Radhakrishnan. *Indian Philosophy*. Vol.I. p.188.

153 Ibid. p.169.

154 Abhedananda. *Thoughts on Sankhya, Buddhism and Vedanta*. p.24.

155 The Ramakrishna Mission Institute of Culture. *Aspects of Vedanta*. p.311.

156 Abhedananda. *Attitude of Vedanta towards Religion*. p.66.

157 Swahananda. *Meditation and other spiritual disciplines*. P.78.

158 Saral Jhingran. *Aspects of Hindu Morality*. p.16.

159 B.G. Tilak. *Sri Bhagavadgita-Rahasya or Karma-Yoga-Sastra*. p.151.

160 S. Radhakrishnan. *Indian Philosophy*. Vol.I. p.199.

161 John Grimes. *The Vivekacudamani of Sankaracarya Bhagavatpada*. p.108.

162 Rama. *Perennial Psychology of the Bhagavad Gita*. p.74.

163 Julius J Lipner. ed. *The Bhagavadgita For Our Times*. p.3.

164 Thomas McEvilley. *The Shape of Ancient Thought–Comparative Studies in Greek and Indian Philosophies*. p.101.

165 S. Radhakrishnan. *Indian Philosophy*. Vol.I. p.100.

166 S. Radhakrishnan. *The Bhagavadgita*. p.126.

167 S. Radhakrishnan. *Indian Philosophy*. Vol.I. p.200.

168 S. Radhakrishnan. *The Bhagavadgita*. p.48.

169 Ibid. p.97.

170 Ṛg V. (iii.38.7; ix.83.3; i.159.4; v.85.5 etc.) quoted S. Radhakrishnan. *Indian Philosophy*. Vol.II. p.527.

171 Ibid. Vol.I. p.75.

172 S. Radhakrishnan. *The Principal Upanisads*. p.36.

173 The Ramakrishna Mission Institute of Culture. *Aspects of Vedanta*. p.74.

174 Ibid. p.73.

175 S. Radhakrishnan. *Indian Philosophy*. Vol.I. p.467.

176 Ibid. p.428.

177 Ibid. p.429.

178 Ibid. p.431.

179 Vivekacūdāmaṇi (233)

180 S. Radhakrishnan. *Indian Philosophy*. Vol.II. p.438.

181 Ibid. p.439.

182 Ibid. p.528.

183 Ibid. p.529.

184 The Ramakrishna Mission Institute of Culture. *Aspects of Vedanta*. p.74.

185 S. Radhakrishnan. *Indian Philosophy*. Vol.II. p.533.

186 Ibid.

187 Ibid.

188 Ibid. p.534.

189 Mukhyananda. *Sri Shankaracharya Life and Philosophy*. p.57.

190 Paul Deussen. *The Philosophy of the Upanisads*. p.209.

191 Prabhavananda. *Spiritual Heritage of India*. p.70.

192 S. Radhakrishnan. *The Bhagavadgita*. p.48.

193 *Volition and physical Laws* (1999) p.29. cited from William S. Haney. *Culture and Consciousness*. p.28.

194 *The Libertarian Imperative* (1999) p.51. cited from Ibid.

195 B.G. Tilak. *Sri Bhagavadgita-Rahasya or Karma-Yoga-Sastra*. p.373.

196 S. Radhakrishnan. *The Bhagavadgita*. p.49.

197 Margaret Chatterjee. *Philosophical Enquiries*. p.227.

198 Ibid. p.228.

199 Jayant Burde. *Sunya and Nothingness*. p.182.

200 S. Dasgupta. *A History of Indian Philosophy*. Vol.I. p.440.

201 S. Radhakrishnan. *Indian Philosophy*. Vol.I. p.53.

202 Ibid.

203 Ibid.

204 Ibid. p.54.

205 Ibid. p.154.

206 Milinda, 2.8. recited from S. Radhakrishnan. *Indian Philosophy*. Vol.I. p.337.

207 Bhaskarananda, *Journey from Many to One*. p.101.

208 Mukhyananda. *Sri Shankaracharya Life and Philosophy – An Elucidative*

& *Reconciliatory Interpretation*. pp.96-97.

209 S. Dasgupta. *A History of Indian Philosophy*. Vol.I. p.428.

210 Mukhyananda. *Sri Shankaracharya Life and Philosophy*. p.98.

211 S. Radhakrishnan. *Indian Philosophy*. Vol.II. p.491.

212 John Grimes. *The Vivekacudamani of Sankaracarya Bhagavatpada*. p.125.

213 Ibid.

214 S. Dasgupta. *A History of Indian Philosophy*. Vol.I. p.478.

215 Mukhyananda. *Sri Shankaracharya Life and Philosophy*. p.100.

216 Ibid.pp.100-101.

217 Ibid.p.102.

218 Ibid.p.99.

219 Bhaskarananda, *Journey from Many to One*. p.65.

220 Madhavananda. *Vedānta Paribhāṣā of Dharmarāja Adhvarīndra*. p.81.

221 S. Dasgupta. *A History of Indian Philosophy*. Vol.II. p.7.

222 Ibid.

223 Ibid.p.8.

224 Ibid.pp.8-9.

225 Ibid.p.30.

226 Ibid.p.25.

227 Tejobindu Upaniṣad (VI.1)

228 Sunirmalananda. *Ingights into Vedanta – Tattvabodha*. p.217.

229 The Ramakrishna Mission Institute of Culture. *Understanding Consciousness : Recent Advances*. p.72.

230 Bhaskarananda, *Journey from Many to One*. pp.71-72.

231 N.C. Panda. *Maya in Physics*. p.99.

232 Ibid.p.63.

233 Ibid.pp.64-65.

234 Bhaskarananda, *Journey from Many to One*. p.7.

235 S. Radhakrishnan. *Indian Philosophy*. Vol.II. p.524.

236 Thomas A. Forsthoefel. *Knowing Beyond Knowledge – Epistemologies of religious experience in classical and modern Advaita*. p.54.

237 Margaret Chatterjee. *Contemporary Indian Philosophy*. p.110.

238 Krishnananda. *The Study and Practice of Yoga – the Exposition of the Yoga Sutras of Patanjali*. Vol.I. pp.14-15.

239 The Ramakrishna Mission Institute of Culture. *Philosophy and Science : An Exploratory Approach to Consciousness*. p.323.

240 N.C. Panda. *Maya in Physics*. pp.63, 305-306.

241 Krishnananda. *The Study and Practice of Yoga*.Vol.I.pp.174, 191.

242 Venkatesananda.*The Supreme Yoga*.Vol.I. p.39.

243 Krishnananda. *The Study and Practice of Yoga*.Vol.I.p.24.

244 Thomas McEvilley. *The Shape of Ancient Thought – Comparative Studies in Greek and Indian Philosophies*. pp.23-66.

245 Hermann Oldenberg. *The Doctrine of the Upanisads and The Early Buddhism*. p.38.

246 S. Radhakrishnan. *Indian Philosophy*. Vol.II. p.491.

247 S. Radhakrishnan. *Indian Philosophy*. Vol.II. p.439.

248 Mukhyananda. *Sri Shankaracharya Life and Philosophy*. p.48.

249 S. Radhakrishnan. *Indian Philosophy*. Vol.II. p.499.

250 Mukhyananda. *Sri Shankaracharya Life and Philosophy*. p.55.

251 Ibid.p.56.

252 The Ramakrishna Mission Institute of Culture. *Philosophy and Science: An Exploratory Approach to Consciousness*.p.325.

253 Ibid.

254 Commins and Linscott, *Man and the Universe*, p.453. recited from Ken Wilber. *The Spectrum of Consciousness*. p.28.

255 Thomas McEvilley. *The Shape of Ancient Thought – Comparative Studies in Greek and Indian Philosophies*. p.552.

256 Ibid.p.553.

257 J.W.N. Sullivan. *The Limitation of Science* (New York: Mentor Books, 1949), p.140. recited from Ken Wilber. *The Spectrum of Consciousness*. p.24.

258 E.N. da C. Andrade, *An Approach to Modern Physics* (New York: Doubleday Anchor Books, 1957), p.255. recited from Ibid.

259 S. Radhakrishnan. *Indian Philosophy*. Vol.I. p.155.

260 Mukhyananda. *Sri Shankaracharya Life and Philosophy – An Elucidative & Reconciliatory Interpretation*. p.32.

261 S. Radhakrishnan. *Indian Philosophy*. Vol.I. p.165.

262 S. Radhakrishnan. *The Bhagavadgita*. p.46.

263 Satprakashananda. *Methods of Knowledge – according to Advaita Vedanta*. p.73.

264 Ibid.p.74.

265 N.C. Panda. *Maya in Physics*. pp.92-94.

266 Brian Greene. *The Fabric of the Cosmos*. p.160.

267 The Ramakrishna Mission Institute of Culture. *Philosophy and Science : An Exploratory Approach to Consciousness*. p.303.

268 Ibid.p.225.

269 Michio Kaku. *Parallel Worlds*. p.578.

270 Ibid.p.247.

271 The Ramakrishna Mission Institute of Culture. *Philosophy and Science: An Exploratory Approach to Consciousness*. p.308.

272 Ibid.

273 N.C. Panda. *Maya in Physics*. p.326.

274 Ibid.

275 Stephen Hawking and Leonard Mlodinow. *The Grand Design*. p.73.

276 Ibid. p.12.

277 Ibid. pp.12,57,59,216.

278 William S. Haney. *Culture and Consciousness*. p.91.

279 Ken Wilber. *A Brief History of Everything*. p.19.

280 Ibid. p.25.

281 Ibid. p.28.

282 Ibid. p.36.

283 Ibid. pp.64-68.

284 Ibid. p.74.

285 Ibid. p.66.

286 F. Jacoby, ed., *Die Fragmenta der Griechischen Historiker*. Recited from Thomas McEvilley. *The Shape of Ancient Thought*. p.494.

287 Atmaramananda & M. Sivaramkrishna. *Art, Culture and Spirituality*. p.70.

288 Francis Crick. *The Astonishing Hypothesis* (Charles Scribner's Sons, New York, 1994), pp.28-35. Recited from The Ramakrishna Mission Institute of Culture. *Philosophy and Science: An Exploratory Approach to Consciousness*. p.310.

289 Ken Wilber. *A Brief History of Everything*. p.89.

290 S. Radhakrishnan. *The Bhagavadgita*. p.46.

291 John Grimes. *The Vivekacudamani of Sankaracarya Bhagavatpada*. p.22.

292 S. Radhakrishnan. *Indian Philosophy*. Vol.II. p.528.

293 John Grimes. *Sankara and Heidegger—Being, Truth, Freedom*. p.128.

294 Ibid. p.84.

295 Ken Wilber. *A Brief History of Everything*. p.37.

296 S. Radhakrishnan. *Indian Philosophy*. Vol.I. p.140.

297 Thomas McEvilley. *The Shape of Ancient Thought*. p.558.

298 Adiswarananda, *Meditation & Its Practices—A Definitive Guide to Techniques and Traditions of Meditation in Yoga and Vedanta*. pp.3-7.

299 Ibid.

300 Prabhavananda. *Spiritual Heritage of India*. p.276.

301 John Grimes. *The Vivekacudamani of Sankaracarya Bhagavatpada*.

p.120.

302 David Frawley. *Vedantic Meditation – Lighting the flame of awareness*. p.54.

303 Robert Powell. *Dialogues on Reality – An Exploration into the Nature of our Ultimate Identity*. p.96.

304 Satyananda. *Four Chapters on Freedom – Commentary on the Yoga Sutras of Patanjali*. p.242.

305 Tervor Leggett. *Sankara on the Yoga-Sutras – The Vivarana sub-commentary to Vyasa-bhasya of the Yoga-Sutras of Patanjali*. p.97.

306 Satyananda. *Sure Ways to Self-Realization*. p.81.

307 Satyananda. *Yoga and Kriya*. p.91.

308 Adiswarananda. *Meditation & Its Practices – A Definitive Guide to Techniques and Traditions of Meditation in Yoga and Vedanta*. p.222.

309 Ibid. pp.3-4.

310 The Bhagavad Gita (VI. 35, VIII. 8)

311 Hariharananda Aranya. *Yoga Philosophy of Patanjali with Bhasvati*. p.36; Tervor Leggett. *Sankara on the Yoga-Sutras – The Vivarana sub-commentary to Vyasa-bhasya of the Yoga-Sutras of Patanjali*. p.97; Veda. *Yoga-Sutras of Patanjali – with the exposition of Vyasa* .Vol. I.p.198.

312 S. N. Dasgupta. *Yoga as Philosophy and Religion*. p.126.

313 Satyananda. *Four Chapters on Freedom – Commentary on the Yoga Sutras of Patanjali*. p.59.

314 Veda. *Yoga-Sutras of Patanjali – with the exposition of Vyasa* .Vol.II.p.5.

315 Ibid. Vol.I. p.210.

316 Ibid. p.211.

317 Swahananda. *Meditation and other spiritual disciplines*. p.3.

318 Ibid. p.4.

319 Krishnananda. *The Study and Practice of Yoga – the Exposition of the*

      Yoga Sutras of Patanjali. Vol.I. p.79.

320 Satyananda. *Yoga and Kriya*. p.204.

321 Ibid. p.218.

322 Tervor Leggett. *Sankara on the Yoga-Sutras*. p.239.

323 Robert Powell. *Dialogues on Reality − An Exploration into the Nature of our Ultimate Identity*. p.25.

324 The Ramakrishna Mission Institute of Culture. *Aspects of Vedanta*. p.54.

325 Dakpo Tashi Namgyal. *Mahamudra − The Moonlight − Quintessence of Mind and Meditation*. p.xxxv.

326 Satyananda. *Yoga and Kriya*. p.196.

327 Ibid. p.205.

328 Hajime Nakamura. *A History of Early Vedanta Philosophy*. Vol. I. p.520.

329 David Frawley. *Vedantic Meditation − Lighting the flame of awareness*. p.8.

330 Adiswarananda. *Meditation & Its Practices*. p.45.

331 Ibid. p.43. cf. Vedānta-sāra of Sadānanda (16-26); Vivekacūdāmaṇi (18-30)

332 Vivekacūdāmaṇi. 20

333 Vedānta-sāra of Sadānanda. 16

334 Vivekacūdāmaṇi. 20

335 Adiswarananda. *Meditation & Its Practices*. p.43.

336 Vedānta-sāra of Sadānanda. 17

337 Vedānta-sāra. 19

338 Vivekacūdāmaṇi. 22

339 Vedānta-sāra. 20

340 Vivekacūdāmaṇi. 23

341 Sunirmalananda. *Ingights into Vedanta − Tattvabodha*. p.77.

342 Vedānta-sāra. 22

343 Vivekacūdāmaṇi. 24

344 Ranganathananda. *The Message of Vivekachudamani – An exposition of Vivekachudamani in the light of Modern Thought and Modern Needs.* pp.80-81.

345 Vedānta-sāra. 24

346 Vivekacūdāmaṇi. 26

347 Ranganathananda. *The Message of Vivekachudamani.* pp.85-86.

348 Vedānta-sāra. 25

349 Vivekacūdāmaṇi. 27

350 Satprakashananda. *Methods of Knowledge – according to Advaita Vedanta.* p.256.

351 Upadeśa-sāhasrī. XVIII:15. Recited Ibid. p.262.

352 Madhavananda. *Vedānta Paribhāṣā of Dharmarāja Adhvarīndra.* p.213.

353 Satprakashananda. *Methods of Knowledge – according to Advaita Vedanta.* p.257.

354 Madhavananda. *Vedānta Paribhāṣā of Dharmarāja Adhvarīndra.* pp.213-214.

355 Satprakashananda. *Methods of Knowledge – according to Advaita Vedanta.* p.288.

356 Ibid. p.291.

357 Satchidanandendra. *The Method of the Vedanta – A Critical Account of the Advaita Tradition.* p.147.

358 David Frawley. *Vedantic Meditation – Lighting the flame of awareness.* pp.12-13.

359 Ibid. p.15.

360 Ibid. p.16.

361 Ibid. p.10.

362 S. Radhakrishnan. *The Principal Upanisads.* p.613.

363 Gambhirananda. *Brahma Sutra Bhasya of Shankaracharya.* p.257.

364 The Ramakrishna Mission Institute of Culture. *Vedanta – Concepts and*

Application. p.20.

365 Satyananda. *Sure Ways to Self-Realization.* p.81.

366 Vidyaranya. *Jivan-Mukti-Viveka.* p.21.

367 Swahananda. *Meditation and other spiritual disciplines.* p.3.

368 Niranjanananda. *Dharana Darshan – Yogic, Tantric and Upanishadic Practices of Concentration and Visualization.* pp.22-23.

369 Satyananda. *Sure Ways to Self-Realization.* pp.76-77.

370 B.K.S. Iyengar. *Light on the Yoga Sutras of Patanjali.* p.29.

371 Ibid. p.15.

372 Niranjanananda. *Yoga Darshan – Vision of the yoga Upanishads.* p.294.

373 Satyananda. *Yoga and Kriya.* p.45.

374 Adiswarananda. *Meditation & Its Practices.* p.284.

375 Satyananda. *Yoga and Kriya.* p.111.

376 Ibid. p.157.

377 Adiswarananda. *Meditation & Its Practices.* p.275. cf. p.289.

378 Satprakashananda. *Methods of Knowledge – according to Advaita Vedanta.* p.292.

379 Ibid. p.293.

380 Vandana. *Nama Japa (The Prayer of the Name).* p.172.

381 Sri Ramakrishna Math. *Meditation – Monks of the Ramakrishna Order.* p.110.

382 Satyananda. *Yoga and Kriya.* p.433.

383 Satyananda. *Meditations from the Tantras.* p.153.

384 Ibid.

385 Krishnananda. *The Study and Practice of Yoga – the Exposition of the Yoga Sutras of Patanjali.* Vol.I. p.388.

386 Adiswarananda. *Meditation & Its Practices.* pp.248-249.

387 Ibid. p.241.

388 David Frawley. *Vedantic Meditation – Lighting the flame of awareness.*

p.98.

389 Satyananda. *Yoga and Kriya*. p.434.

390 Adiswarananda. *Meditation & Its Practices*. p.253.

391 Ibid. pp.250-251.

392 Satyananda. *Meditations from the Tantras*. p.269.

393 S. Radhakrishnan. *The Principal Upanisads*. p.833.

394 Satyananda. *Yoga and Kriya*. p.514.

395 Satyananda. *Meditations from the Tantras*. pp.272-273.

396 Adiswarananda. *Meditation & Its Practices*. pp.47, 57.

397 Satyananda. *Yoga and Kriya*. p.239.

398 Ibid. p.240.

399 Ibid. p.491.

400 Vidyaranya. *Jivan-Mukti-Viveka*. p.222.

401 Lakshman Joo. *Vijnana Bhairava-The Practice of Centering Awareness*. p.172.

402 Adiswarananda. *The Four Yogas – A guide to the spiritual paths of action, devotion, meditation and knowledge*. p.226.

403 James H Austin. *Developments in Meditaion and States of Consciousness–Zen-Brain Reflections*. p.29.

404 David Frawley. *Vedantic Meditation – Lighting the flame of awareness*. p.111.

405 Hariharananda Aranya. *Yoga Philosophy of Patanjali with Bhasvati*. pp.669-670.

406 Ibid. p.670.

407 Satyananda. *Yoga and Kriya*. p.736.

408 Ibid. pp.740,764-765.

409 Ibid. p.764.

410 Ibid.

411 Ibid. p.739.

412 The Ramakrishna Mission Institute of Culture. *Spirituality and Science of Consciousness*. p.197.

413 Ibid. p.200.

414 Cf. Swami Bhajanananda mentions two great yoga tradition – the Vedāntic and the Patañjala. The Ramakrishna Mission Institute of Culture. *Some Responses to Classical Yoga in the Modern Period*. p.55.

415 Satprakashananda. *Methods of Knowledge – according to Advaita Vedanta*. pp.301-302.

416 Ibid.

417 Adiswarananda. *Meditation & Its Practices*. p.60.

418 Ibid. p.19.

419 Satyananda. *Sure Ways to Self-Realization*. p.3.

420 Rama. *Perennial Psychology of the Bhagavad Gita*. p.164.

421 Satyananda. *Yoga and Kriya*. p.89.

422 S. Radhakrishnan. *Indian Philosophy*. Vol.II. p.309.

423 Adiswarananda. *The Four Yogas – A guide to the spiritual paths of action, devotion, meditation and knowledge*. p.191.

424 Satyananda. *Yoga and Kriya*. p.771.

425 Ibid. p.775.

426 Adiswarananda. *The Four Yogas*. p.19.

427 Satyananda. *Yoga and Kriya*. p.330.

428 Ibid. pp.329-330.

429 Ibid. p.158.

430 Vishnu Puri. *Bhakti Ratnavali*. p.49.

431 Satyananda. *Yoga and Kriya*. p.446.

432 Ibid.

433 Mukhyananda. *Sri Shankaracharya Life and Philosophy – An Elucidative & Reconciliatory Interpretation*. pp.80-81.

434 Tapasyananda. *Bhakti Schools of Vedanta*. p.77.

435 S. Radhakrishnan. *The Bhagavad Gita*. p.180.

436 B.G. Tilak. *Sri Bhagavadgita-Rahasya or Karma-Yoga-Sastra*. p.972.

437 Satyananda. *Yoga and Kriya*. p.367.

438 Boris Marjanovice. *Abhinavagupta's Commentary on the Bhagavad Gita*. p.83.

439 Abhedananda. *Bhagavad Gita – the divine message*. Vol.I. p.159.

440 Julius J Lipner, ed. *The Bhagavadgita For Our Times*. p.37.

441 Satyananda. *Yoga and Kriya*. p.363.

442 S. Radhakrishnan. *Indian Philosophy*. Vol.II. p.591.

443 Husserl's transcendental phenomenology pursues the transcendental ego as transcendental subjectivity while excluding world-phenomenon itself.

444 Krishnananda. *The Study and Practice of Yoga – the Exposition of the Yoga Sutras of Patanjali*. Vol. I. p.30.

445 B.K.S. Iyengar. *Light on the Yoga Sutras of Patanjali*. p.29.

446 S. Radhakrishnan. *Indian Philosophy*. Vol.II. p.336.

447 The Ramakrishna Mission Institute of Culture. *Understanding Consciousness*. p.268.

448 This theory was proposed at the University of Miami by Steven Suvesh in 2002. The point of this theory is that the mind/brain interface not at the whole brain level but at the level of the single neuron.

449 Gambhirananda. *Eight Upanisads-with the Commentary of Sankaracarya*. Vol.I. p.394.

450 Ranganathananda. *The Charm and Power of the Gita*. p.54.

참고 문헌

〈우파니샤드〉

Abhedananda, Swami. *The Bases of Indian Culture*. Kolkata: Ramakrishana Vedanta Math, 1971.

Chetanananda, Swami. *Avadhuta Gita of Dattatreya*. Calcutta: Advaita Ashrama, 1984.

Deussen, Paul. *The Philosophy of the Upanisads*. Delhi: Motilal Banarsidass Publishers, 1999.

Gambhirananda, Swami. *Eight Upanisads-with the Commentary of Sankaracarya* (Vol.I,II). Kolkata: Advaita Ashrama, 1957.

_____. *Chandogya Upanisad – with the Commentary of Sankaracarya*. Kolkata: Advaita Ashrama, 1983.

_____. *Aitareya Upanisad – with the Commentary of Sankaracarya*. 2th ed. Kolkata: Advaita Ashrama, 1988.

_____. *Brahma Sutra Bhasya of Shankaracharya*. Kolkata: Advaita Ashrama, 1965.

Keith, Arthur Berriedale. *The Religion and Philosophy of the Veda and Upanishads* (Vol.I,II). 1925. Delhi: Motilal Banarsidass Publishers, 1970.

Lokeswarananda, Swami. *Isa Upanisad – translated and with notes based on Sankara's commentary*. Kolkata: Advaita Ashrama, 1992.

_____. *Chandogya Upanisad – translated and with notes based on Sankara's commentary*. Calcutta: The Ramakrishna Mission Institute of Culture, 1998.

_____. *Katha Upanisad – translated and with notes based on Sankara's commentary.* Kolkata: The Ramakrishna Mission Institute of Culture, 1993.

_____. *Kena Upanisad – translated and with notes based on Sankara's commentary.* Calcutta: The Ramakrishna Mission Institute of Culture, 1992.

_____. *Mandukya Upanisad (with Gaudapada's Karika) – translated and with notes based on Sankara's commentary.* Calcutta: The Ramakrishna Mission Institute of Culture, 1995.

__ _____. *Mundaka Upanisad – translated and with notes based on Sankara's commentary.* Calcutta: The Ramakrishna Mission Institute of Culture, 1994.

_____. *Prasna Upanisad – translated and with notes based on Sankara's commentary.* Kolkata: The Ramakrishna Mission Institute of Culture, 1995.

_____. *Svetasvatara Upanisad – translated and with notes based on Sankara's commentary.* Calcutta: The Ramakrishna Mission Institute of Culture, 1994.

_____. *Taittiriya Upanisad – translated and with notes based on Sankara's commentary.* Calcutta: The Ramakrishna Mission Institute of Culture, 1996.

Madhavananda, Swami. *The Brhadaranyaka Upanisad with the commentary of Sankaracarya.* Kolkata: Advaita Ashrama, 1934.

_____. *Vedanta Paribhasa of Dharmaraja Adhvarindra.* Kolkata: Advaita Ashrama, 1942.

_____. *Vivekacudamani of Sri Sankaracarya – Text with Englich Translation, Notes and Index.* Kolkata: Advaita Ashrama, 1921.

Mehta, Mohit. *The Call of the Upanishads.* Delhi: Motilal Banarsidass Publishers, 1970.

Müller, F. Max. *The Upanisads – Sacred Books of the East Series* (Vol.1,15). Delhi: Motilal Banarsidass Publishers, 1965.

Nikhilananda, Swami. *The Upanidads* (Vol. I-IV). Kolkata: Advaita Ashrama, 2008.

_____. *Vedanta‑sara of Sadananda.* trans. 12th ed. Kolkata: Advaita Ashrama, 2006.

Radhakrishnan, S. *The Principal Upanisads.* New Delhi: Harpercollins Publishers India,1994.

Raghavachar, S.S. *Vedartha‑Sangraha of Sri Ramanujacarya.* Kolkata: Advaita Ashrama, 4th Impression, 2002

Rama, Swami. *Wisdom of the Ancient sages‑Mundaka Upanishad.* Honesdale: Himalayan International Institute Press, 1990.

_____. *OM: the eternal witness‑secrets of the Mandukya Upanishad.* Dehradun: Himalayan Institute Hospital Trust, 2007.

Ranganathananda, Swami. *The Message of the Brhadaranyaka Upanisad‑An Exposition of the Brhadaranyaka Upanisad in the light of Modern Thought & Modern Needs.* Kolkata: Advaita Ashrama, 2005.

Sambuddhananda, Swami. *Vedanta through Stories.* Mumbai: Ramakrishna Math, 1950.

Satyananda, Swami. *Nine Principal Upanidhads.* Munger: Yoga Publications Trust, 2004.

Satyadharma, Swami. *Yoga Chudamani Upanishad.* Munger: Yoga Publications Trust, 2003.

Smith, Frederick M. *Deity and Spirit Possession in South Asia.* Delhi: Motilal Banarsidass Publishers, 2009.

Swahananda, Swami. *Pancadasi of Sri Vidyaranya Swami.* Madras: Sri Ramakrishna Math, 1967.

Tattwananda, Swami. *Upanisadic Stories and Their Significance.* Kalady: Sri Ramakrishna Advaita Ashrama, 1956.

_____. *The Quintessence of Vedanta.* Kalady: Sri Ramakrishna Advaita Ashrama, 1960.

Vimalananda, Swami. *Mahanarayana Upanisad.* Chennai: Sri Ramakrishna Math, 1957.

Vivekananda, Swami. *Advaita Vedanta*. Kolkata: Advaita Ashrama, 1952.

Wood, Thomas E. *The Mandukya Upanishad and the Agama Sastra – An Investigation into the Meaning of the Vedanta*. Delhi: Motilal Banarsidass Publishers, 1992.

〈바가바드 기타〉

Abhedananda, Swami. *Bhagavad Gita – the divine message*. Kolkata: Ramakrishna Vedanta Math, 1969.

Agarwal, Satiya Prakash. *The Gita for the Twenty-First Century*. New Delhi: New Age Books, 2003.

Aurobindo, Sri. *The Bhagavad Gita*. Jhunjhunu, Rajasthan: Sri Aurobindo Divine Life Trust, 1992.

Edgerton, Franklin. *The Bhagavad Gita- translated and interpreted* 2Vol. (bound in one). Delhi: Motilal Banarsidass Publishers, 1994.

Gotshalk, Richard. *Bhagavad Gita- Translation and Commentary*. Delhi: Motilal Banarsidass Publishers. 1985.

Jnanadeva, Sri. *Jnaneshwari – commentary on the Bhagavad Gita*. Trans. Ramchandra Keshav Bhagwat. Madras: Samata Books, 1954.

Leggett, Trevor. *Realization of the Supreme Self – the Bhagavad Gita Yoga-s*. Delhi: New Age Books, 1995.

Lepes, Naina. *The Bhagavad Gita and Inner Transformation*. Delhi: Motilal Banarsidass Publishers, 2008.

Lipner, Julius J., ed. *The Bhagavadgita For Our Times*. New Delhi: Oxford University Press, 2000.

Marjanovice, Boris. *Abhinavagupta's Commentary on the Bhagavad Gita*. Varanasi: Indica Books, 2002.

Mehta, Rohit. *From Mind to Super Mind -A Commentary on Bhagavad Gita*. Delhi: Motilal Banarsidass Publishers, 1966.

Radhakrishnan, S. *The Bhagavadgita*. New Delhi: Harpercollins Publishers

India,1993.

Rama, Swami. *Perennial Psychology of the Bhagavad Gita*. Honesdale: Himalayan International Institute Press, 1985.

Sivananda, Swami. *The Bhagavad Gita*. Rishikesh: The Divine Life Society, 2003.

Telang, K. T. *The Bhagavadgita (with the Sanatsujatiya and the Anugita) – Sacred Books of the East* (Vol. 8). Delhi: Motilal Banarsidass Publishers, 1965.

Tilak, B.G. *Sri Bhagavadgita-Rahasya or Karma-Yoga-Sastra*. Poona: Tilak Brothers,2004.

Yogananda, Sri Sri Paramahansa. *The Bhagavad Gita* (Vol.I,II). Kolkata: Yogada Satsanga Society of India, 2002.

〈요가 수뜨라〉

Aranya, Hariharananda. *Yoga Philosophy of Patanjali with Bhasvati*. Kolkata: University of Calcutta, 1963.

Ballantyne, J. R. & Govind Sastry Deva. *Yogasutra of Patanjali*. Delhi: Parimal Publications, 2002.

Baba, Bangali. *Yogasutra of Patanjali – with the commentary of Vyasa*. Delhi: Motilal Banarsidass Publishers, 1976.

Bryant, Edwin F. *the YOGA SUTRAS of Patanjali*. New York: North Point Press, 2009.

Chapple, Christopher & Yogi Anand Viraj. *The Yoga Sutras of Patanjali – An Analysis of the Sanskrit with accompanying English translation*. Delhi: Sri Satguru Publications, 1990.

Dvivedi, Manilal Nabhubhai. *The Yoga-Sutras of Patanjali*. Delhi: Sri Satguru Publications, 2001. First Edition. Madras, 1890.

Feuerstein, Georg. *The Yoga-Sutra of Patanjali – A New Translation and Commentary*. Rochester, Vermont: Inner Traditions International, 1979.

Govindan, Marshall. *Kriya Yoga Sutras of Patanjali and the Siddhas*. Bangalore: Babaji's kriya yoga Order of Acharyas Trust, 2001.

Iyengar, B.K.S. *Light on the Yoga Sutras of Patanjali*. New Delhi: Harpercollins Publishers India, 1993.

Karambelkar, P.V. *Patanjala Yoga Sutras*. Lonavla: Kaivalyadhama, 1950.

Krishnananda, Swami. *The Study and Practice of Yoga – the Exposition of the Yoga Sutras of Patanjali* (Vol. I, II). Rishikesh: The Divine Life Society, 2006. 2007.

Kulasrestha, Mahendra, ed. *Learn Rajayoga from Vivekananda*. Delhi: Lotus Press, 2008.

Leggett, Tervor. *Sankara on the Yoga-Sutras – The Vivarana sub-commentary to Vyasa-bhasya of the Yoga-Sutras of Patanjali*. Delhi: Motilal Banarsidass Publishers, 1992.

Prasada, Rama. trans. *The Yoga Darsana of Patanjali – with the sankhya Pravacana Commentary of Vyasa and The Gloss of Vacaspati Misra*. Delhi: Logos Press, 2005.

Sarvagatananda, Swami. *Meditation as Spiritual Culmination – Yoga Aphorisms of Patanjali* (Vol. I, II) 2005. Kolkata: Advaita Ashrama, 2008.

Satyananda, Swami. *Four Chapters on Freedom – Commentary on the Yoga Sutras of Patanjali*. Munger: Yoga Publications Trust, 1976.

Sivananda, Swami. *Raja Yoga*. Rishikesh: The Divine Life Society, 1937.

Taimni, I. K. *The Science of Yoga*. Madras: Theosophical Publishing House, 1961.

Tola, Fernando & Carmen Dragonetti. *The Yogasutras of Patanjali on Concentration of Mind*. Delhi: Motilal Banarsidass Publishers, 1987.

Veda, Swami. *Yoga-Sutras of Patanjali – with the exposition of Vyasa* (Vol.I). Honesdale: Himalayan International Institute Press, 1986.

_____. *Yoga-Sutras of Patanjali – with the exposition of Vyasa* (Vol. II). Delhi: Motilal Banarsidass Publishers, 2001.

Venkatesananda, Swami. *The Yoga Sutras of Patanjali*. Delhi: Motilal Banarsidass Publishers, 1988.

Verma, Vinod .*The Yoga Sutras of Patanjali – a Scientific Exposition* . Delhi: Clarion books, 1996.

Woods, James Haughton. *The Yoga System of Patanjali*. Harvard Oriental Series (Vol.17). Cambridge: Harvard University Press, 1914. Reprint. Delhi: Motilal Banarsidass Publishers, 1966.

_____. *The Yoga-Sutras of Patanjali or the Ancient Hindu Doctrine of Concentration of Mind*. Delhi: Motilal Banarsidass Publishers, 1966.

〈요가 와시쉬트〉

Venkatesananda, Swami. *The Supreme Yoga – A new translation of the Yoga Vasistha* (Vol.I,II). Delhi: New Age Books, 2005.

용어 및 인명 설명

〈용어〉

까르마Karma: 방향성과 관계성으로 구성된 현상을 결정하는 하나의 경향성

나마-루빠Nāma-rūpa: 인도와 불교 철학에서 사용하는 개념으로, 세상의 현상이 실체를 가진 것이 아닌, 단지 인식에 나타나는 허상임을 지칭하는 용어

노에마noema: 현상학에서 의식이 닿기 이전의 '잠재적 인식 대상'을 가리키는 용어로, 의식의 방향성(intentionality)이 닿은 이후에 비로소 하나의 대상으로 나타남

노에시스noesis: 현상학에서 인식의 잠재적 대상인 노에마와 의식이 만나 하나의 현상, 즉 경험을 만드는 과정을 가리킴

니디디아산Nididhyāsana: 명상 상태를 지칭하며, 궁극적 혹은 직접적 이해를 가리킴

니로드nirodha: 요가 수뜨라(I. 2)에 나오는 용어로 '마음의 정지'를 의미함

다르샨Darśana: 현대적 의미의 철학과 종교의 의미를 모두 가지는, 직관적 경험과 논리적 토론에 의해 뒷받침되는 사고양식(思考樣式, speculative mode)을 가리킴

딴뜨리즘tantrism: 인도 철학의 한 분파로, 현 세상을 적극적으로 받아들이며, 현상의 물질과 에너지를 통해 영성적 목표를 달성할 수 있다고 여김

땁(따빠스: Tapas): 문자적으로 '태우다', '열을 만들다', '에너지를 생산하다'의 의미를 가지는데, 인도 문화 속에선 폭넓은 의미로 사용되며, 요가에선 강한 열정과 고된 훈련 등을 의미함

뚜리야Turīya: 산스끄리뜨어로 '네 번째'라는 뜻을 가지며, 인도 철학적으론 일상

의식, 꿈, 깊은 잠의 바탕에 있는 '배경의식'을 가리킴

리그-베다Rg-Veda: 인도의 가장 오래된 문헌이며 인도 문화의 근원을 이룸. 10권 1028의 시구詩句로 되어 있으며 초기의 아리안 사회의 양상을 전해 주는 귀중한 자료임

리뜨Rta: 리그-베다에 나오는 개념으로, 우주의 질서를 관장하는 원리로서 까르마 개념과 인도 윤리 개념의 기초가 되고 있음

마야māyā: 흔히 환영으로 이해되며 부정적이고 염세적 의미로 이해되고 있으나, 인노 철학에서 브라흐만과 대비되는 중요한 개념으로, 전체성 혹은 배경(브라흐만) 위에서 펼쳐지는 변화하는 현상을 지칭하는 용어

만뜨르(眞言 만뜨라: mantra): 인간의 의식에 영향을 주는 소리 진동의 한 집단

목츠Mokṣa: 인도 문화에서 종교, 철학적 해방을 의미

묵띠Mukti: 목츠와 같은 의미로 사용

바가바드 기타Bhagavad Gītā: 인도의 대서사기 마하바라타의 한 부분으로 수록되어 있는 글로, 원래는 독립적인 작품이나 후대에 삽입된 것으로 보임. 바가바드 기타도 역시 독립된 작품이 아니며, 수 세대에 걸쳐 여러 번의 첨가를 통해 오늘날의 작품이 되었음. 인도 서사시(Epic) 시대 철학의 종합관이라 볼 수 있으며, 특히 요가 철학의 근간이 되는 개념들을 다루고 있음

베다Veda: 고대 인도를 기원으로 하는 신화적·종교적·철학적 문헌들을 가리키는 용어이다. 베다 문헌은 베다 산스끄리뜨어로 기록된 것으로 힌두교의 가장 오래된 성전聖典들을 이루고 있음. 베다 문헌은 삼히타·브라마나·아라니야까·우파니샤드로 분류되며, 이 중 삼히타는 리그베다, 야주르베다, 사마베다, 아타르바베다의 4가지가 있음. 베다 문헌이 인도의 각 종파와 철학에서 차지하는 위상은 해당 종파와 철학에 따라 다르며, 힌두교 전통에서, 베다 문헌을 권위있는 정전正典으로 인정하는 종교 및 학파들을 아스티카āstika, 즉 정통파라 하고, 그렇지 않은 것을 나스티카nāstika, 즉 이단 또는 비정통파라고 함. 힌두교의 입장에서 볼 때, 대표적인 나스티카는 불교와 자이나교인데, 이 두 종교는 베다 문헌의 권위를 인정하지 않음

베다아베다Bhedābheda: 개별 자아(self)가 브라흐만Brahman으로 알려진 '절대'와

완전히 동일하면서, 동시에 완전히 다르다는 주장. 논리적으로 설명이 되지 않는 듯하나, 상까르의 실제와 비-실제의 구도에선 충분히 이해가 가능함

베단타Vedānta: 베다의 마지막 혹은 결론이라는 뜻으로, 흔히 우파니샤드 철학을 가리킴

베단타 빠리바시아 Vedānta Paribhāṣā: 다르마라자 아디와린드라Dharmarāja Adhvarīndra에 의한 베단타 문헌

브라흐마-수뜨라 Brahma-sutra: 베단타-수트라Vedānta-Sūtras로도 알려져 있으며, 힌두 철학에서 베단타 철학의 3대 정전(canonical texts) 중의 하나. 바다라야나 Badarayana에 의한 우파니샤드에 대한 주석서

브라흐만Brahman: 흔히 인도의 신神으로 알려져 있으나, 이것은 종교적 의미의 신의 개념이 아님. 인도 신화에 나오는 브라흐마Brahma는 전통적 의미의 신을 가리키고, 브라흐민Brahmin은 인도 카스트의 사제 계급을 가리킴. 'Brahman' 은 인도 철학을 이해하는 기본 개념으로, 현상과 비-현상을 포함하는 포괄적 우주를 표현하는 '전체성'을 지칭하기 위해 사용하는 용어

브라흐만-지식: '내가 곧 브라흐만이다'라는 명제

쁘라띠아하르Pratyāhāra: 일반적으로 '감각 철회'로 알려진 빠딴잘리 아쉬탕가 요가Patanjali's Ashtanga Yoga의 5번째 요소

쁘란prāṇa: 이것은 최초의 에너지로서 창조의 시점에 진동을 시작했다. 그러나 이것이 어떻게, 왜 시작되었는지 추적하는 것은 불가능하다. 인도 전통은 우주를 운행하는 에너지를 쁘란prāṇa으로 명명했다. 이것은 현상계를 움직이는 힘이며, 그래서 마야māyā의 동력임

사마디samādhi: 한국 불교 용어로 '삼매'라고 하며, 요가, 불교 등에서 말하는 고요함·적멸寂滅·적정寂靜의 명상 상태 또는 정신집중 상태를 말함

삿뜨까리Satkārya-이론: '존재하는 것은 배타적으로 존재하고, 존재하지 않는 것은 배타적으로 존재하지 않는다'는 인도 철학 이론

상키아Sāṁkhya: 인도 철학의 한 분파로, 영靈과 물질을 엄격히 분리하는 이원론을 기반으로 몇몇 철학적 개념들을 발전시켰음. 예리한 논리를 사용하는 듯하여, 다른 학파에 많은 영향을 끼쳤으나, 실제론 그들 대부분의 개념들이 분명

한 논리적 바탕을 결여하고 있으며, 자신들의 기본 전제인 이원성에 묶여 자신들이 주장하는 논리를 오히려 약화시킴. 현대 인도 철학에선 그 명맥을 이미 상실하였음

수냐따Śūnyatā: '비어 있음'이라는 기본 뜻을 가지며, 불교, 힌두교를 비롯 다양한 의미로 해석되고 있는 명상의 한 상태에서 유래한 용어

수메르Sumer: 메소포타미아 남쪽에 있던 고대문명(4500~4000 BC)

스와디아야Svādhyāya: 경전과 영적인 가치들에 대한 공부를 의미하나, 개인성의 전체적 구조, 즉 육체적, 정신적, 감성적, 영적 측면에 대한 탐구를 가리킴

아리안Aryan: 인도와 이란, 유럽에 거주하며 인도·유럽계의 언어를 쓰고 있는 사람들의 총칭. 이것은 언어학적으로 분류된 것으로 인도유럽어족(인구어족)이라고 부름

아비아스Abhyāsa: 일반적으로 끊임없는 훈련과 온전한 영적인 노력을 가리키지만, 명상 기술적으론 '집중'을 의미함

아쉬람āśramas: 인도 전통의 영적인 은자들의 거처나 공동체

아자뜨-이론Ajāta-vāda: 아드와이타-베단타Advaita-Vedanta 철학자인 가우-디아빠드Gauḍapāda의 기본 전제로 창조가 없음을 주장. 나타나는 경험적 세계는 실제가 아니라고 함

아뜨만Ātman: 인도 철학에서 개별자(인간)의 측면에서 바라본 '전체성'을 지칭하는 용어. 이 용어에 대해 많은 오해가 있는데, 이것은 인간 개체의 순수 의식(individual pure-self)이나 진아(real-self)를 의미하지 않음. 아드와이타-베단타 Advaita Vedanta에 의하면 이것은 브라흐만Brahman과 동의어로 표현에 있어 기술적으로 이 용어를 사용할 뿐이며, 그들은 진아(real-self)를 인정하지 않기 때문. 브라흐만이 세상 풍경을 가리킨다면, 아트만은 창문을 통해 보이는 세상 풍경을 지칭할 때 사용하는 용어임. 풍경은 창문과는 무관하며, 관찰자의 시각에 창문이라는 틀이 놓여 있을 뿐임. 창문 안에 갇혀 있는 관찰자는 언제나 창문과 함께 풍경을 바라보며, 이것이 '조건화'되어 버린 것임. 인도 철학에서 브라흐만과 대비되는 개념은 마야Maya이지 아트만이 아님. 각 개인은 자신의 고유한 진아 혹은 아트만을 가지지 않음. 창문의 틀을 벗어나는 순간 자신(self)

238

혹은 개체(individual)는 존재하지 않음. 이와 관련된 오해 중 하나인, 불교는 무아無我를, 힌두이즘은 진아(眞我 Ātman)를 주장한다는 견해는 학문적 무지無知에서 나온 것이며, 엄밀히 브라흐만과 아트만 그리고 무아無我는 같은 내용을 가리키는 용어임

안따르-마운Antar-mauna: '내부의 침묵'이란 뜻으로, 불교에서 위빠싸나vipassana로 알려진 것과 동일한 명상법

에포케Epoché: '판단중지'를 뜻하며, 순수 현상을 얻기 위해 훗설(Edmund Husserl)에 의해 제안된 희랍용어

요가 수뜨라Yoga Sūtra: A.D. 2세기경 빠딴잘리에 의해 쓰여진 경전으로, 요가 철학의 개념과 구체적인 행법들을 다루고 있음. 요가 철학에선 '바가바드 기타'와 함께 중요한 문헌이며, 대부분의 인도 문헌이 그러하듯, 사실은 작가와 저술 시대가 명확하지 않으며, 후대에 여러 번 첨가가 이루어진 작품

요가 와시쉬트Yoga Vāsiṣṭha: 저자 왈비끼Valmiki에 의한 요가 문헌으로, 은자隱者 와시쉬트Vasistha와 라마Rama 왕자 사이의 대화로 이어지며, 베단타와 바가바드 기타의 사상을 급진적으로 설명하고 있음

우파니샤드Upaniṣads: 베다 경전의 후대 부분인 베단타의 다른 지칭이며, 200여 개의 우파니샤드가 발견되나, 108개만을 인정하기도 하지만, 이것은 인도 전통에 의해 숫자를 맞추려는 의도가 있어 보임. 일반적으론 '고전 우파니샤드'라 하여 10~13개의 우파니샤드와 경우에 따라 3~4개가 추가된 우파니샤드만이 학문적 가치를 인정받고 있음. 이 글은 까타Katha, 따잇띠레아Taittirīya, 만두끼야Māṇḍūkya, 문다끄Muṇḍaka ,메이뜨리Maitrī,브리하드-아라니얏끄Bṛhad-āraṇyaka,쁘라스너Praśna, 쉬윗따쉬와뜨르Śvetāśvatra, 잇샤Īśa, 찬도기아Chāndogya를 인용하고 있음

위베까쭈다마니Vivekacūḍāmaṇi: 아드와이타-베단타Advaita-Vedanta창시자인 상까르Śaṅkara의 작품

위빠싸나vipassana: '있는 그대로의 것을 보는 것'으로 요가 전통에선 안따르-마운Antar-mauna으로 알려진 불교 명상법

위와르뜨 이론(Vivarta-vāda): 상까르의 이론으로 경험적 세계는 단지 인간의 인

식에 보여지는 현상일 뿐이라는 주장

웨라기아Vairāgyā: 집착하지 않음이며, 명상 기술적으론 '물러남'을 의미함

이쉬와르-쁘라니단īśvara-praṇidhāna: 신에 대한 투항을 의미하나, 이를 넘어 자신의 의식을 온전히 내적 자각에 가져다 놓는 것

자이니즘Jainism: 인도에서 창시된 종교로, 교조인 와르다마나Vardhamana는 붓다와 동시대 사람이었으며, 그는 30세경 출가하여 13년의 고행정진 끝에 깨달아 지나(Jina: 勝者) 또는 마하비라(Mahavira: 大勇)라고 일컬어졌음

지완묵띠Jīvanmukti: 세상 속에서 살며, 전 세상이 비어 있음을 경험하는 것으로, 비-이원적 베단타(Advaita Vedanta)가 바라보는 인간의 최종 상태를 가리킴

지향성Intentionality: 사물을 향한 경험의 방향성

짜르왁Cārvāka: 인도 유물론(materialism) 철학학파

찟cit: 찟따(citta: mind)가 일반적 모든 의식활동을 가리킨다면, 찟cit은 그 모든 의식활동을 가능케 하는 배경으로써, 활동이 아닌 활동을 지켜보기만 하는 의식(ground consciousness)으로 비-물질임

찟따citta: 인도 문헌에서 마음(mind) 혹은 개인 정신의 전체 과정(one's mental processes as a whole)을 가리키는 용어로 물질임

코펜하겐 해석(Copenhagen Interpretation): 닐 보어와 그의 동료들에 의해 주장된 양자물리학의 해석으로, 어떤 사물의 물리적 상태를 결정하기 위해서는 관찰이 이루어져야 하고, 그 물체의 파동함수가 반드시 붕괴되어야 한다. 이 해석은 관찰이 없다면, 모든 사물은 동시에 모든 가능한 상태에 존재한다고 주장함

홀라키holarchy: 홀론에 대한 계통적 체계

홀론holon: '하나의 전체라는 것은 다른 전체의 한 부분이며, 이것은 동심원을 넓히는 구조에서, 다른 전체는 다시 더 큰 전체의 한 부분이다'는 코에슬러(Arthur Koestler)*의 용어

현상학Phenomenology: 경험의 직접성을 강조하며, 모든 가설과 인과율의 영향에서 경험을 분리해내어, 본질적 실제성에 이르고자 하는 서양의 철학적 방법론으로, 직관을 통해 대상의 현재성을 포착하려 함

〈인명〉

가우디아빠드(Gauḍapāda 6C): 만두끼야-까리까Māṇḍukya Kārikā의 저자 혹은 편집자로, 마디아마까(Madhyamaka, 중관사상)에 정통하였으며, 상카르Śaṅkara의 아드와이타-베단타(Advaita Vedanta, 비이원적 베단타) 철학에 많은 영향을 미쳤으며, 상까르의 두 세대 앞선 스승으로 여겨짐

고아(David J. Goa): 캐나다 출신으로 철학과 종교 분야에 저술과 활동

까뻴Kapila): 인도 철학 상키아Sāṃkhya 학파의 창시자

끄리쉬나난드(Krishnananda, 1922-2001): 쉬바난드Sivananda Saraswati의 제자로 The Sivananda Literature Research Institute(쉬바난드 문헌 연구원)과 The Sivananda Literature Dissemination Committee(쉬바난드 문헌보급 위원회)의 책임자였음

나가르주나(Nāgārjuna, 2C경): 대승불교 중관학파(Madhyamaka)의 창시자

니란잔아난드(Niranjanananda, 1960~): 사띠야난드 사라스와띠Satyananda Saraswati의 계승자이며 '비하르 요가스쿨(Bihar School of Yoga)'의 책임자

님바르끄Nimbarka): 12세기 혹은 14세기경 베단타 학자

다스굽뜨(S. Dasgupta): 20세기 인도 철학자

데모크리투스(Democritus, BC 460~370경): 고대 그리스 철학자

데이비드 흄(David Hume, 1711~1776): 스코틀랜드 출신으로 논리실증주의 철학의 선구자이며, 과학은 오직 경험에 의해 검증될 수 있는 것만을 추구하는 학문으로 경험적인 방법에 의해 검증할 수 없는 것은 참이나 거짓으로 판명할 수 없다고 주장하고, 인간의 오성을 이성과 감성으로 나누고, 감성이 대상에 대한 직관적이며 강렬한 인식이라면 이성은 감성에 의해 받아들여진 대상을 반추하여 대상을 이해하는 것이라 정의하였음

도이센(P. Deussen, 1845~1919): 독일의 동양학자이며 산스끄리뜨 학자

따시 남걀(Dakpo Tashi Namgyal, 1511 or 13~1587): 티벳 불교 닥뽀 까규Dagpo Kagyu파의 승려

띠르트(Narayana Tirtha, 1650~1745): 인도의 음악가, 학자, 고행자

띨락(B.G. Tilak, 1856~1920): 인도 독립운동가, 저널리스트, 법률가, 사회개혁가.

그의 저서 *Shrimadh Bhagvad Gita Rahasya*는 바가바드 기타에서 까르마 요가 Karma Yoga의 중요성을 강조함

라다크리쉬난(S. Radhakrishnan, 1888~1975): 인도 철학자이자 정치인이며 대통령도 역임

라마나 마하리쉬(Ramana Maharshi, 1878~1950): 인도 수행자로 베단타 전통에 따른 인간 탐구 방법을 전파하였음. '참나眞我'를 찾는 명상법을 전파한 것으로 한국에 많이 알려져 있지만, 이것은 그와 그의 가르침을 잘못 알고 있는 오해임. 그는 '참나'를 발견하는 명상법을 가르친 것이 아니라, 인간의 본질을 탐구하고, 그 결과 '나我'를 발견하는 것이 아닌, '나'라고 할 것이 없음을 발견하게 하는 베단타의 전통에 충실한 명상법을 가르쳤음. 베단타의 진정한 전통은 '무아無我'에 이르는 가르침임

라마누즈(Rāmānuja, 1017~1137): 베단타 계열의 힌두 신학자

랑가나타난드(Ranganathananda, 1908~2005): 베단타 학자로 라마끄리쉬나 매스 Ramakrishna Math와 라마끄리쉬나 미션Ramakrishna Mission의 13번째 책임자

루시푸스(Lucippus: 5ᵗʰ century BC): 고대 그리스 철학자

멕에빌리(Thomas McEvilley, 1939~2013): 미국의 예술평론가, 시인, 소설가, 철학자, 종교학자. 특히 그리스와 인도에 조예가 깊었음

무키야난드(Mukhyananda, 1908~1982): 인도의 요기로 '싯다 요가 영성회'(Siddha Yoga spiritual path)의 설립자

바라띠(Veda Bharati, 1933~2015): 인도 베단타 학자며, 스와미 라마Rama Swami 의 제자

바스까라난드(Bhaskarananda, 1833~1899): 인도 베다 학자이며 수행자

바스까르(Bhāskara; philosopher): 인도엔 몇 명의 바스까르가 있으나, 베단타 학파의 바스카르는 베다아베다Bhedābheda이론을 주장하였음

번스(Jean E. Burns): 미국의 물리학자로 Para-psychology(초-심리학)에도 깊은 관심을 가짐

브라흐마난드(Brahmananda, 1863~1922): 라마끄리쉬나Ramakrishna의 직계 제자 중 한 명이며, 라마끄리쉬나 매스Ramakrishna Math와 라마끄리쉬나 미션

(Ramakrishna Mission)의 첫 번째 책임자

브록킹톤(John L. Brockington): 산스끄리뜨Sanskrit어 학자이며 힌두 문헌학자

비베카난다(Vivekananda, 1863~1902): 힌두교 승려로, 베단타와 요가 전통을 현대화시켜 서구에 전한 최초의 인물. 힌두교 전통뿐 아니라, 다른 문화권의 종교와 철학을 모두 아우르며 탈-문화, 탈-종교적인 보편적 가르침을 펼쳤음. 그는 자연인에 바탕을 둔 철학을 정립하였고, 보편적 인간이 나아가야 할 방향을 제시하였음

비트겐쉬타인(Ludwig Wittgenstein, 1889~1951): 오스트리아 출신 철학자로 논리학, 수학철학, 마음철학, 언어철학에 공헌함

빠드마빠드(Padmapāda, A.D. 820): 아드와이타-베단타(Advaita-Vedanta, 비이원적 베단타)학파의 학자

빠딴잘리Patañjali: 인도 문헌엔 여러 명의 빠딴잘리가 등장하지만, 이 글에선 '요가 수뜨라'의 저자를 가리킴. 그는 당시까지 전해내려 오는 여러 요가 전통들을 종합하여, '요가 수뜨라'를 저술하였고, 요가를 최초로 체계적이고 학문적 수준으로 정리한 것으로 평가 받고 있음

빤다(N.C. Panda, 1929~): 인도 출신의 생화학자(Biochemist)로 *Maya in Physics*(1991)의 저자

빤데(G.C. Pande, 1923~2011): 베다와 불교시대에 관한 인도 역사학자

빤짜시크Pañcaśikha: 상키아 학파의 학자로, 그로 인해 상키아가 무신론적 경향을 띠게 됨

쁘라까샤뜨만(Prakāśātman, A.D. 1200): 베단타 학자로 〈Pañcapādikāvivaraṇa〉의 저자

삿뜨쁘라까샤난드Satprakashananda): 현대 인도 베단타 학자

삿띠아난드(Satyananda, 1923~2009): 쉬바난드Sivananda의 제자로 비하르 요가 스쿨Bihar School of Yoga의 설립자

삿찌다난덴드르(Satchidānandendra): 인도 베단타 학자

상까르(Śaṅkara, 788~820): 아디 상까라차리아Adi Shankaracharya로도 알려져 있으며, 아드와이타-베단타Advaita-Vedanta학파를 창시하며, 현대 인도 철학의 토

대를 마련함

샤르트르(Jean-Paul Sartre, 1905~1980): 프랑스의 실존주의 철학자로, 하이데거와 훗설의 영향 밑에서 자신의 현상학적 존재론을 전개하였음. 그는 데카르트적 자아를 넘어서 인간은 하나의 실존의 존재임을 밝히고, 실존은 본질에 앞서며, 실존은 바로 주체성이라는 명제를 제시하였음. 또한 인간의 의식과 자유의 구조를 밝히고, 실존의 결단과 행동과 책임과 연대성을 강조하였음

세부쉬(Steven Sevush): 미국의 정신의학자로 마이애미Miami에서 활동하고 있음

슈뢰딩거(Erwin Schrodinger, 1887~1961): 슈레딩거 방정식으로 노벨상을 수상한 오스트리아 물리학자. '슈뢰딩거 고양이 실험'으로도 유명. 전자의 파동 이론을 발전시켜 슈뢰딩거 방정식을 수립함으로써 파동역학을 수립했으며, 하이젠베르그의 행렬역학의 형식적 동등성을 증명함

스와미 람(Swami Rama, 1925~1996): 서양 과학자들에 의해 연구된 최초의 요가 수행자

스와아난드(Swahananda, 1921~2012): '인도 라마끄리쉬나 사회'(Ramakrishna Order of India)의 베단타 학자

스티븐 호킹(Stephen Hawking, 1942~): 영국의 이론 물리학자. 우주론과 양자 중력 연구에 공헌

슬리번(J.W.N. Sullivan, 1886~1937): 과학작가이자 저널리스트

십자가의 성요한(St. John of the Cross, 1542~1591): 스페인 출신 로마가톨릭의 성자聖者

아담코바(Alena Adamkova): 러시아 수행자이자 저술가

아디스와라난드(Adiswarananda 1973~2007): 인도 베단타 학자

아라니아(Hariharānanda Āraṇya 1869~1947): 상키아-요가Sāṃkhya-Yoga 계열의 인도 철학자

아르준Arjuna: 바가바드 기타에 등장하는 인물로, 비쉬누의 화신 크리쉬나 Krishna와의 대화를 통해 '기타'의 이야기를 풀어감

아베다난드(Abhedananda, 1866~1939): 스와미 비베카난다Vivekananda의 제자이며, 그를 도와 베단타와 요가 철학을 서구에 전함

아비나와굽뜨(Abhinavagupta, 950~1020): 카쉬미르 사이위즘Kashmir Saivism 철학자로 '딴뜨라 로까Tantrāloka'의 저자

아수리Āsuri: 상키아 철학자 까빌의 제자로 스승을 이어 유신론적 상키아 철학을 전개함

아옌가(B.K.S. Iyengar, 1918~2014): 아옌가-요가Iyengar Yoga의 창시자이자 수행자

야갸왈끼아Yājñavalkya: 브리하드-아라니얏끄Bṛhad-āraṇyaka 우파니샤드에 나오는 베다 철학자이자 수행자로, 자나카Janaka왕과 토론을 하며, 우주적 의식의 설명을 위해 네띠-네띠(neti-neti, 아니다-아니다)의 개념을 도입함

에드문드 훗설(Edmund Husserl, 1859~1938): 독일의 철학자로 현상학의 체계를 놓았음. 프란츠 브렌따노의 제자이며, 마르틴 하이데거가 그의 제자임

에딩턴(Arthur Eddington, 1882~1944): 영국의 천문학자, 물리학자, 수학자로 상대성 이론을 입증하는 데 많은 공헌을 함

에버렛(Hugh Everet, 1930~1982): '다중-세계 해석: many-worlds interpretation(MWI)'을 처음으로 주장한 미국 물리학자

오로빈도(Aurobindo, 1872~1950): 인도 독립운동가, 철학자. 영적 수행법 '통합요가(Integral Yoga)'를 개발함

오스틴(James H. Austin): 미국의 신경학자로 '선禪과 뇌(Zen and the Brain)'의 저자

우스(Undo Uus): 천체물리학자로 Blindness of modern science(현대 학문의 맹점)의 저자

위갸나빅츄(Vijñānabhikṣu, 1550~1600): 서로 다른 베단타Vedānta와 상키아 Sāṁkhya, 그리고 요가Yoga 학파에 대한 주석을 하며, Avibhagādvaita(indisting uishable non-dualism, 구분되지 않는 비이원론)로 알려진 철학적 종합을 이루려 노력함. 상까르의 Advaita Vedana를 위장한 불교로 보았고, 현상세계를 환영이 아닌 실제로 이해했음

위그너(Eugene Wigner, 1902~1995): 헝가리 출신의 미국 이론물리학자이며 수학자. 양자역학에서 대칭이론에 대한 기초를 세우고, 원자핵 구조에 공헌. 노벨물리학상 수상

위디아라니야Vidyāraṇya: 지완-묵띠-위베까(Jīvan-Mukti-Viveka)의 저자며 베단타
학자

위아스Vyāsa): 인도 서사시 '마하바라따(Mahābhārata)'의 저자로 여겨짐

윌버(Ken Wilber, 1949~): 미국의 작가이자 철학자

지따뜨마난드(Jitatmananda): 라마끄리쉬나 미션(The Ramakrishna Mission)의 멤
버로 현대 베단타 학자, Modern Physics and Vedanta(현대 물리학과 베단타)의
저자

카(Wildon Carr, 1857~1931): 영국 철학자

코에슬러(Arthur Koestler, 190~1983): 헝가리 출생의 유대인 작가이자 저널리스
트. The Ghost in the Machine(1967, p.48)에서 '홀론holon'이란 용어를 처음
사용

코워드(Harold G. Coward, 1936~): 캐나다 출신 학자로 생명윤리와 종교에 관해
저술과 활동

크릭(Francis Crick, 1916~2004): 영국의 분자생물학자, 생-물리학자, 신경학자

크세노파네스(Xenophanes, B.C. 570~475): 고대 그리스 철학자 파르메니데스의
제자. 그에게 신이란 태어난다든지 죽는 것이 아니고, 신은 불변 부동하여 하
나이면서 동시에 일체인 것이며, 비-물체적인 것이었음. 생성하는 것은 흙과
물이며, 모든 것은 흙에서 나와 흙으로 돌아간다고 함

파르메니데스(Parmenides, B.C. 540/515~?): 고대 그리스 엘레아 학파의 철학자.
모든 진리의 바탕은 이성이라 봄. 존재와 무無, 일자─者에 대한 심도 있는 고
찰로 플라톤에게 핵심적인 영향을 미쳤음

프란쯔 브렌따노(Franz Brentano, 1838~1917): 독일의 가톨릭 사제였으나, 사제
직과 교회를 떠났음. 심리학을 바탕으로 철학을 세우려 하였고, 심적인 여러
현상의 본질은 그것이 객관을 향하는 것, 지향적志向的인 관계를 갖는 점에 있
다고 봄

프랭클(Victor Frankl, 1905~1997): 오스트리아의 신경 전문의 및 심리학자로서 홀
로-코스트 생존자. 존재 분석의 한 형태인 로고-테라피(logo-therapy, 의미요법)
를 창안

프롤리(David Frawley, 1950~): 미국 출생의 힌두학자

하이데거(Martin Heidegger, 1889~1976): 독일의 실존주의 철학자로, 대표작인 '존재와 시간(*Being and time*)'을 통해, 후설의 현상학, 아리스토텔레스의 존재론, 딜타이의 생의 철학 등의 영향하에 독자적인 철학을 개척하여 현존재의 존재의미를 탐구하는 실존론적 철학을 수립하였음

하이젠베르그(Werner Heisenberg, 1901~1976): 독일의 물리학자로 행렬역학과 불확정성 원리를 발견하여 20세기 초 양자역학의 발전에 절대적인 공헌을 함. 양자역학을 창시한 공로로 1932년 노벨 물리학상을 수상

휠러(John A. Wheeler, 1911~2008): 미국 이론물리학자로 '일반 상대성 원리'를 해명하는 데 공헌

소야小野 배철진 |

가톨릭 집안에서 태어나 성장하고, 가톨릭신학대학에서 공부하였지만, 자신의 생각과 합일을 이루지 못하여 사제로서 적합하지 않다는 이유로 가톨릭 교회에서 추방되었다. 그리고 모든 도그마로부터 벗어나기 위해 1995년부터 방랑을 시작하였다. 수년 간 히말라야를 돌아다녔으며, 미얀마에서 출가하여 승려로 살기도 했다. 이후 세상과의 치열한 소통이 필요함을 자각, 인도 하리드와르Haridwar에 있는, 특별히 요가문화의 발전을 위해 설립된 데브 산스끄리티 대학에서 요가학을 전공하고, 2015년 박사 학위를 취득하였다.

그는 요가를 통해서 인간에게 아직 미지의 세계로 남아 있는 영역을 탐구하고자 한다. 그래서 그는 자신을 인간을 연구하는 과학자라고 말한다. 그리고 자신이 공부하며 이해한 요가를 현대에 맞게 새롭게 해석, 이를 〈SEE YOGA〉라는 이름으로 전하고 있다.

홈페이지 : www.seeyoga.kr

집중과 물러남의 요가철학

초판 1쇄 인쇄 2015년 12월 11일 | **초판 1쇄 발행** 2015년 12월 18일
지은이 배철진 | **펴낸이** 김시열
펴낸곳 도서출판 운주사

(02832) 서울 성북구 동소문로 67-1 성심빌딩 3층

전화 (02) 926-8361 | 팩스 0505-115-8361

ISBN 978-89-5746-442-7   03150   값 12,000원

http://cafe.daum.net/unjubooks 〈다음카페: 도서출판 운주사〉